color index

REVISED EDITION

color index

REVISED EDITION

JIM KRAUSE

HOW BOOKS

CINCINNATI, OHIO
www.howdesign.com

COLOR INDEX, REVISED EDITION. Copyright © 2010 by Jim Krause. Manufactured in China. All rights reserved. No other part of this book may be reproduced in any form or by any electronic or mechanical means including information storage and retrieval systems without permission in writing from the publisher, except by a reviewer, who may quote brief passages in a review. Published by HOW Books, an imprint of F+W Media, Inc., 4700 East Galbraith Road, Cincinnati, Ohio 45236. (800) 289-0963. First edition.

For more excellent books and resources for designers, visit www.howdesign.com.

14 13 12 11 10   5 4 3 2 1

Distributed in Canada by Fraser Direct, 100 Armstrong Avenue, Georgetown, Ontario, Canada L7G 5S4, Tel: (905) 877-4411. Distributed in the U.K. and Europe by David & Charles, Brunel House, Newton Abbot, Devon, TQ12 4PU, England, Tel: (+44) 1626-323200, Fax: (+44) 1626-323319, E-mail: postmaster@davidandcharles.co.uk. Distributed in Australia by Capricorn Link, P.O. Box 704, Windsor, NSW 2756 Australia, Tel: (02) 4577-3555.

Library of Congress Cataloging-in-Publication Data

Krause, Jim, 1962-
  Color index revised edition / Jim Krause. -- 1st ed.
      p. cm.
  Rev. ed. of: Color index. 2002.
  ISBN 978-1-4403-0262-6 (vinyl pbk. : alk. paper)
  1. Graphic arts--Handbooks, manuals, etc. 2. Color in art. 3. National characteristics in art. 4. Color computer graphics. I. Krause, Jim, 1962- Color index. II. Title.
  NC997.K732 2010
  701'.85--dc22   2009043000

Edited by Amy Schell
Designed by Jim Krause
Art directed by Grace Ring
Production coordinated by Greg Nock

For my son, Evan.

About the Author

Jim Krause has worked as a designer/illustrator/
photographer in the Pacific Northwest since the 1980s.
He has produced award-winning work for clients large
and small and is the author and creator of nine other titles
available from HOW Books: *Idea Index, Layout Index,
Design Basics Index, Type Idea Index, Color Index 2,
Photo Idea Index, Photo Idea Index: Places,
Photo Idea Index: Things* and *Creative Sparks.*

www.jimkrausedesign.com

TABLE OF CONTENTS

INTRODUCTION

Welcome to *Color Index, Revised Edition*. Since its initial publication in 2001, *Color Index* has gained worldwide popularity (the original English version has been translated into four additional languages) and has proven to be an indispensable creativity tool for graphic designers and artists of all kinds.

Given its record of popularity and success, rest assured that the original content of *Color Index* has not been tampered with in this edition. In addition to modest text revisions, the updates in this release affect two subtle—yet significant—aspects of the book's presentation and functionality. First of all, this edition makes use of Adobe's formulas for converting CMYK colors to RGB. Adobe's conversion methods were used here for the sake of greater accuracy and because these formulas have become a worldwide standard since the time *Color Index* was first published. (This book's companion volume, *Color Index 2*, also uses Adobe's conversion formulas.)

The other upgrade available through this release is especially noteworthy: This edition offers readers a link to downloadable digital swatches for each of its color combinations (go to www.mydesignshop.com/swatches). This gives readers an extremely efficient way of importing the book's palettes into their Illustrator, InDesign or Photoshop documents.

Who is *Color Index, Revised Edition* for?
Graphic designers, web designers, artists, photographers, interior designers, animators, packaging specialists, sign makers and fabric designers are among the creative types that will find fuel for expression in the pages ahead. By providing over a thousand

combinations of colors—assembled from hundreds of varied hues—this book offers professionals, amateurs and students of visual media a valuable resource for exploring palettes that could be applied to all sorts of projects.

How is *Color Index, Revised Edition* structured?
Color Index, Revised Edition has been divided into 11 chapters: Basics, Active, Quiet, Progressive, Rich, Muted, Culture/Era, Natural, Accent, Logo Ideas and Browser Safe.

Keep in mind, however, that these labels are simply meant to organize the book's content into general categories: they are not meant as absolutes (after all, the effects of color depend greatly on the context in which they appear and the tastes of the viewing audience). Allow your artistic instincts to play a significant role in guiding you toward effective palettes. Keep these instincts sharp by paying attention to the colors used in cutting edge advertisements and magazines, as well as in historic examples of commercial and fine arts.

How can I use *Color Index, Revised Edition*?
Simply put, the best way to use this book is however you like. Use it to explore color ideas before, during or after you begin to work on a project's specifics; use the book's palettes just as they are presented or as jumping-off places for palettes of your own; enter the book's color formulas into your computer documents using your keyboard or by downloading the swatches digitally (as mentioned earlier). The main thing to remember—especially if you are using the computer to apply colors to a project—is to

take advantage of the inherent flexibility of digital media as you explore options and consider alternatives.

There are a couple of aids in the book that you might find useful as you narrow your search for useable color schemes. One is the narrow strip of colors along the edge of each page. Since these strips of color relate to their chapter's content, you may wish to scan these bands of swatches as you thumb through the book in search of a chapter (or sub-section) that offers the kinds of colors you're after.

Another aid can be created by removing the final page from the book and cutting out its rectangular windows to create a pair of viewing masks. These masks can be placed over the book's color samples—allowing you to view specific illustrations without being distracted or influenced by the colors in nearby examples.

Thank you for picking up a copy *Color Index, Revised Edition*. I hope it adds to the beauty and communicative powers of your creative work.

Jim K.

Please note: The color formulas presented in this book have been checked for accuracy, but the potential for error still exists. Color Index, Revised Edition, its author and publisher cannot accept responsibility for errors in the formulas presented in this book. It is strongly recommended that you cross-check print formulas with a reliable process color guide, carefully inspect printer's proofs and press-check all jobs for accurate color.

DEFINITIONS

The following terms and abbreviations are used throughout this book to define colors. See pages 30–31 for definitions of *hue, saturation, value* and other color related terms.

50c	90m	70y	0k
60c	20m	40y	0k
60c	40m	20y	0k
60c	20m	70y	0k

148r	67g	83b
109r	166g	159b
114r	139g	171b
116r	164g	114b

CMYK: C=CYAN (BLUE); M=MAGENTA; Y=YELLOW; K=BLACK
All colors of standard offset printing are achieved through combinations of these four colors of ink. This kind of printing is usually referred to as four color process printing. The density of each color within a particular mix determines the final hue. These densities are listed as percentages next to each illustration.

RGB: R=RED; G=GREEN; B=BLUE
Computer monitors and video displays use differing amounts of these three hues to create their entire color spectrum. 100% values of each hue results in a white screen. An absence of each hue results in a dark screen. Colors are created by varying the intensities of the three hues. The values for each hue (ranging from 0 to 255) are listed next to each color sample.

HEXIDECIMAL (HEX) VALUES
A byte-oriented sequence of six-character values that can be used to represent RGB colors. Chapter 11 makes use of "browser safe" hex values—colors that can be displayed without dithering (the inclusion of an unwanted pattern of dots) on traditional 8-bit monitors.

#CC0033
#993300
#003333
#663300

204r	0g	51b
153r	51g	0b
0r	51g	51b
102r	51g	0b

1: BASICS

This chapter focuses on the color wheel's primary hues: red, yellow and blue. (See pages 30-31 for definitions of color related terms).

Many cultures ascribe simple spiritual and life-oriented meanings to these basic hues: Red—the color of blood—is often associated with vitality, heat and anger; blue—because of its connection to clear sky and calm water—regularly plays soothing roles within designs and works of art; and sunny yellow is often asked to deliver connotations of positive energy and growth.

Primary colors are also favorites of designers whose aim is to target younger audiences and bolster "back-to-basics" messages.

Brainstorming the Basics:

Which color should dominate your layout or illustration? Red: which red? Blue: what kind of blue? Yellow: bright, pale, pure, orange-yellow, green-yellow? Experiment.

Use all colors full strength? Mute or lighten some of them?

Try out combinations of two colors. Three. Four. More?

Would your palette of primary hues look best against a backdrop of black, white or gray? A neutral tone? A color?

A layout or illustration can be flooded with color. Colors can also be applied sparingly.

What about using your palette to color the layout's typography as well as its images?

Consider applying your palette in unexpected ways. (See pages 120–121.)

To access the downloadable digital swatches for the palettes in *Color Index, Revised Edition,* visit **www.mydesignshop.com/swatches**.

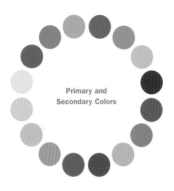

Primary and
Secondary Colors

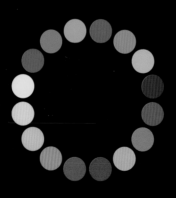

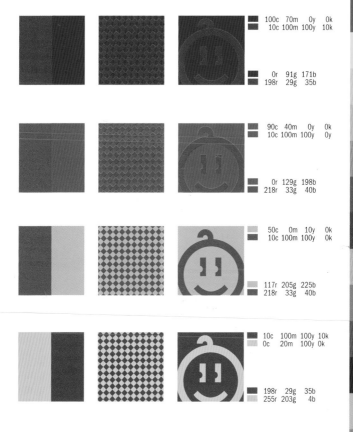

100c 70m 0y 0k
10c 100m 100y 10k

0r 91g 171b
198r 29g 35b

90c 40m 0y 0k
10c 100m 100y 0y

0r 129g 198b
218r 33g 40b

50c 0m 10y 0k
10c 100m 100y 0k

117r 205g 225b
218r 33g 40b

10c 100m 100y 10k
0c 20m 100y 0k

198r 29g 35b
255r 203g 4b

10c 100m 100y 0k
0c 0m 100y 0k

218r 33g 40b
255r 242g 0b

100c 70m 0y 0k
0c 20m 100y 0k

0r 90g 170b
255r 203g 5b

90c 40m 0y 0k
0c 0m 100y 0k

0r 129g 198b
255r 242g 0b

50c 0m 10y 0k
0c 20m 100y 0k

115r 206g 226b
255r 202g 8b

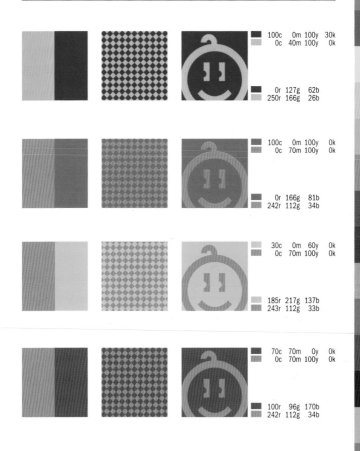

100c	0m	100y	30k
0c	40m	100y	0k

| 0r | 127g | 62b |
| 250r | 166g | 26b |

| 100c | 0m | 100y | 0k |
| 0c | 70m | 100y | 0k |

| 0r | 166g | 81b |
| 242r | 112g | 34b |

| 30c | 0m | 60y | 0k |
| 0c | 70m | 100y | 0k |

| 185r | 217g | 137b |
| 243r | 112g | 33b |

| 70c | 70m | 0y | 0k |
| 0c | 70m | 100y | 0k |

| 100r | 96g | 170b |
| 242r | 112g | 34b |

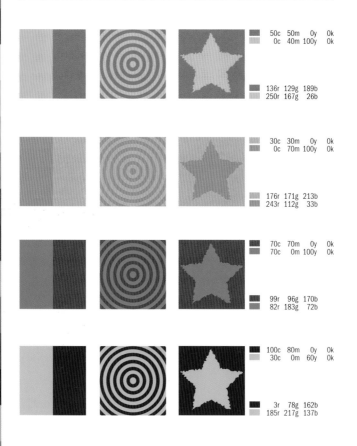

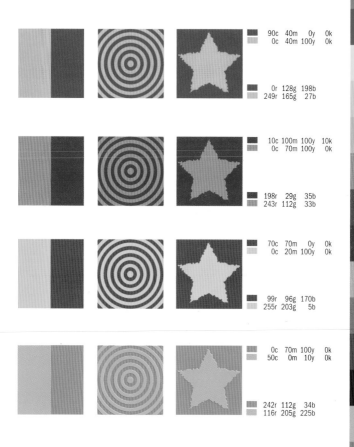

90c 40m 0y 0k
0c 40m 100y 0k

0r 128g 198b
249r 165g 27b

10c 100m 100y 10k
0c 70m 100y 0k

198r 29g 35b
243r 112g 33b

70c 70m 0y 0k
0c 20m 100y 0k

99r 96g 170b
255r 203g 5b

0c 70m 100y 0k
50c 0m 10y 0k

242r 112g 34b
116r 205g 225b

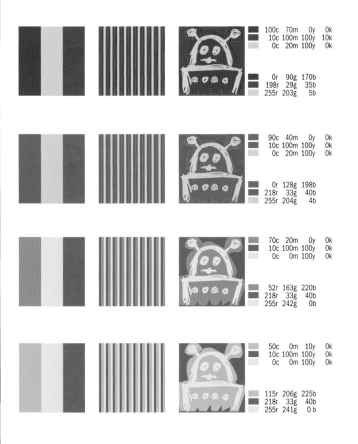

100c 70m 0y 0k
10c 100m 100y 10k
0c 20m 100y 0k

0r 90g 170b
198r 29g 35b
255r 203g 5b

90c 40m 0y 0k
10c 100m 100y 0k
0c 20m 100y 0k

0r 128g 198b
218r 33g 40b
255r 204g 4b

70c 20m 0y 0k
10c 100m 100y 0k
0c 0m 100y 0k

52r 163g 220b
218r 33g 40b
255r 242g 0b

50c 0m 10y 0k
10c 100m 100y 0k
0c 0m 100y 0k

115r 206g 225b
218r 33g 40b
255r 241g 0 b

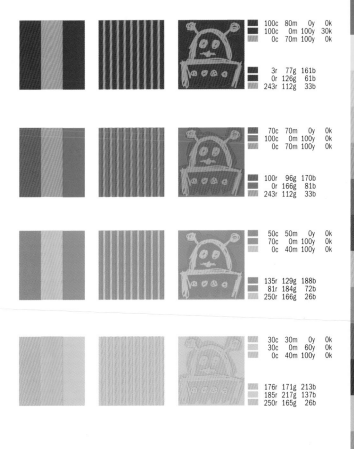

100c 80m 0y 0k
100c 0m 100y 30k
0c 70m 100y 0k

3r 77g 161b
0r 126g 61b
243r 112g 33b

70c 70m 0y 0k
100c 0m 100y 0k
0c 70m 100y 0k

100r 96g 170b
0r 166g 81b
243r 112g 33b

50c 50m 0y 0k
70c 0m 100y 0k
0c 40m 100y 0k

135r 129g 188b
81r 184g 72b
250r 166g 26b

30c 30m 0y 0k
30c 0m 60y 0k
0c 40m 100y 0k

176r 171g 213b
185r 217g 137b
250r 165g 26b

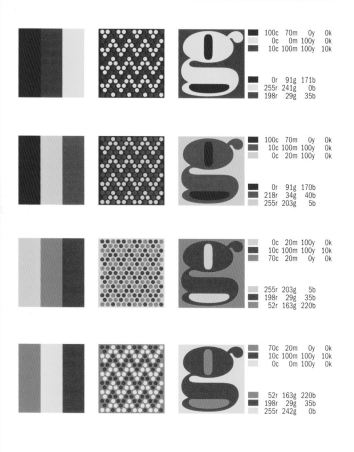

100c 70m 0y 0k
0c 0m 100y 0k
10c 100m 100y 10k

0r 91g 171b
255r 241g 0b
198r 29g 35b

100c 70m 0y 0k
10c 100m 100y 0k
0c 20m 100y 0k

0r 91g 170b
218r 34g 40b
255r 203g 5b

0c 20m 100y 0k
10c 100m 100y 10k
70c 20m 0y 0k

255r 203g 5b
198r 29g 35b
52r 163g 220b

70c 20m 0y 0k
10c 100m 100y 10k
0c 0m 100y 0k

52r 163g 220b
198r 29g 35b
255r 242g 0b

22

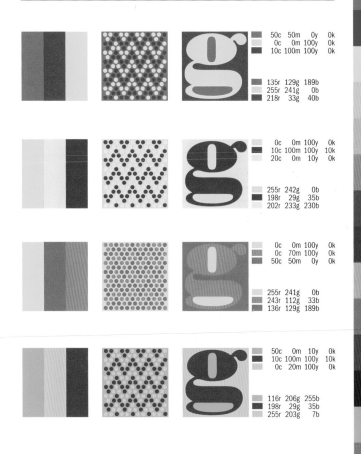

50c 50m 0y 0k
0c 0m 100y 0k
10c 100m 100y 0k

135r 129g 189b
255r 241g 0b
218r 33g 40b

0c 0m 100y 0k
10c 100m 100y 10k
20c 0m 10y 0k

255r 242g 0b
198r 29g 35b
202r 233g 230b

0c 0m 100y 0k
0c 70m 100y 0k
50c 50m 0y 0k

255r 241g 0b
243r 112g 33b
136r 129g 189b

50c 0m 10y 0k
10c 100m 100y 10k
0c 20m 100y 0k

116r 206g 255b
198r 29g 35b
255r 203g 7b

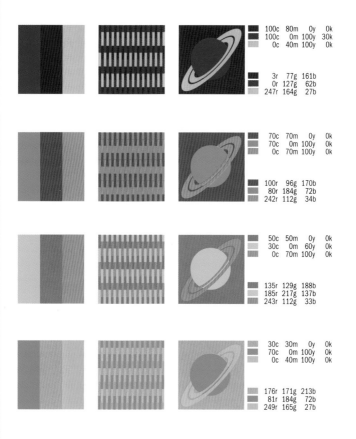

100c 80m   0y   0k
100c   0m 100y 30k
  0c 40m 100y   0k

    3r   77g 161b
    0r 127g   62b
  247r 164g   27b

 70c 70m   0y   0k
 70c   0m 100y   0k
  0c 70m 100y   0k

  100r 96g 170b
   80r 184g 72b
  242r 112g 34b

 50c 50m   0y   0k
 30c   0m 60y   0k
  0c 70m 100y   0k

  135r 129g 188b
  185r 217g 137b
  243r 112g 33b

 30c 30m   0y   0k
 70c   0m 100y   0k
  0c 40m 100y   0k

  176r 171g 213b
   81r 184g 72b
  249r 165g 27b

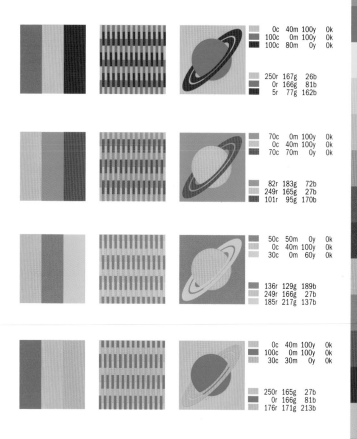

0c	40m	100y	0k
100c	0m	100y	0k
100c	80m	0y	0k
250r	167g	26b	
0r	166g	81b	
5r	77g	162b	

70c	0m	100y	0k
0c	40m	100y	0k
70c	70m	0y	0k
82r	183g	72b	
249r	165g	27b	
101r	95g	170b	

50c	50m	0y	0k
0c	40m	100y	0k
30c	0m	60y	0k
136r	129g	189b	
249r	166g	27b	
185r	217g	137b	

0c	40m	100y	0k
100c	0m	100y	0k
30c	30m	0y	0k
250r	165g	27b	
0r	166g	81b	
176r	171g	213b	

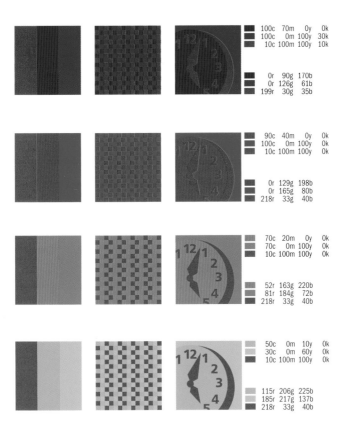

100c 70m 0y 0k
100c 0m 100y 30k
10c 100m 100y 10k

0r 90g 170b
0r 126g 61b
199r 30g 35b

90c 40m 0y 0k
100c 0m 100y 0k
10c 100m 100y 0k

0r 129g 198b
0r 165g 80b
218r 33g 40b

70c 20m 0y 0k
70c 0m 100y 0k
10c 100m 100y 0k

52r 163g 220b
81r 184g 72b
218r 33g 40b

50c 0m 10y 0k
30c 0m 60y 0k
10c 100m 100y 0k

115r 206g 225b
185r 217g 137b
218r 33g 40b

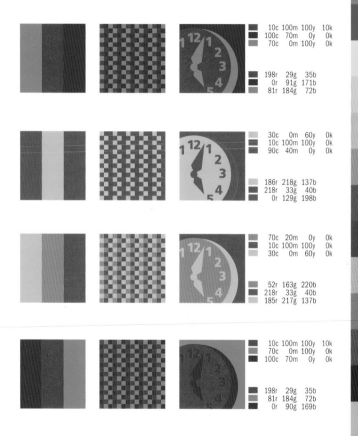

10c 100m 100y 10k
100c 70m 0y 0k
70c 0m 100y 0k

198r 29g 35b
0r 91g 171b
81r 184g 72b

30c 0m 60y 0k
10c 100m 100y 0k
90c 40m 0y 0k

186r 218g 137b
218r 33g 40b
0r 129g 198b

70c 20m 0y 0k
10c 100m 100y 0k
30c 0m 60y 0k

52r 163g 220b
218r 33g 40b
185r 217g 137b

10c 100m 100y 10k
70c 0m 100y 0k
100c 70m 0y 0k

198r 29g 35b
81r 184g 72b
0r 90g 169b

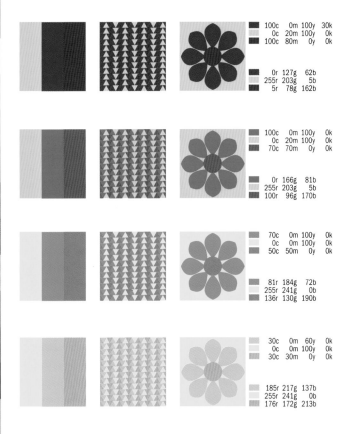

100c   0m 100y 30k
0c 20m 100y   0k
100c 80m   0y   0k

0r 127g 62b
255r 203g   5b
5r 78g 162b

100c   0m 100y   0k
0c 20m 100y   0k
70c 70m   0y   0k

0r 166g 81b
255r 203g   5b
100r 96g 170b

70c   0m 100y   0k
0c   0m 100y   0k
50c 50m   0y   0k

81r 184g 72b
255r 241g   0b
136r 130g 190b

30c   0m 60y   0k
0c   0m 100y   0k
30c 30m   0y   0k

185r 217g 137b
255r 241g   0b
176r 172g 213b

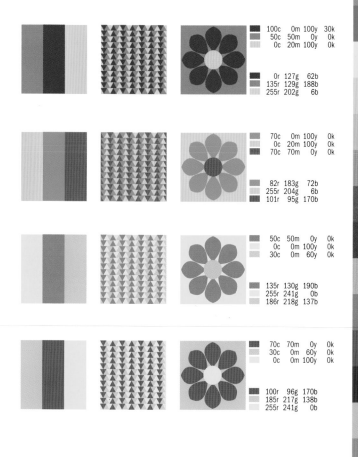

100c   0m 100y 30k
 50c 50m   0y   0k
  0c 20m 100y   0k

  0r 127g   62b
135r 129g 188b
255r 202g   6b

 70c   0m 100y   0k
  0c 20m 100y   0k
 70c 70m   0y   0k

 82r 183g   72b
255r 204g   6b
101r   95g 170b

 50c 50m   0y   0k
  0c   0m 100y   0k
 30c   0m   60y   0k

135r 130g 190b
255r 241g   0b
186r 218g 137b

 70c 70m   0y   0k
 30c   0m   60y   0k
  0c   0m 100y   0k

100r   96g 170b
185r 217g 138b
255r 241g   0b

29

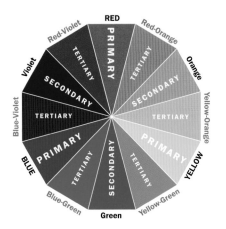

The most basic and common way to describe colors and their relation to each other is in terms of the color wheel.

The *primary* colors—red, yellow and blue—make up three of the wheel's spokes.

Halfway between each primary hue (color) are the *secondary* hues of orange, green and violet.

Tertiary colors are represented by the slices in between the primary and secondary spokes.

A color's *complement* is the hue located directly across on the color wheel. For example, the complement of red is green and the complement of red-violet is yellow-green.

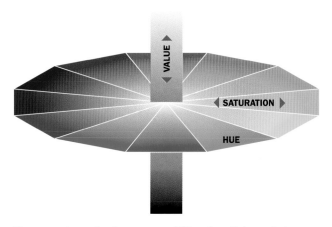

Hue, saturation and *value* are three characteristics used to describe the appearance of a specific color.

Hue: Another word for color.

Saturation: The purity of a hue. A fully saturated color is a hue at its most intense. When a color is muted by the addition of its complement, black or a neutral tone, it becomes less saturated.

Value: how light or dark a color appears relative to black or white. A dark yellow's value, therefore, might be equivalent to a medium or light value of blue.

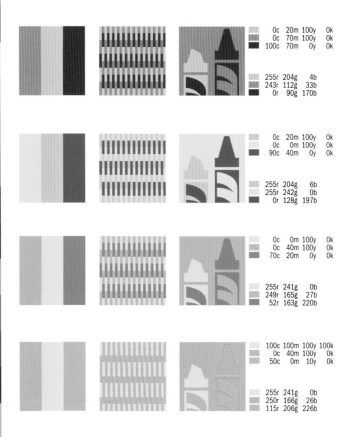

0c 20m 100y 0k
0c 70m 100y 0k
100c 70m 0y 0k

255r 204g   4b
243r 112g 33b
0r 90g 170b

0c 20m 100y 0k
0c   0m 100y 0k
90c 40m 0y 0k

255r 204g   6b
255r 242g   0b
0r 128g 197b

0c   0m 100y 0k
0c 40m 100y 0k
70c 20m 0y 0k

255r 241g   0b
249r 165g 27b
52r 163g 220b

100c 100m 100y 100k
0c 40m 100y 0k
50c   0m 10y 0k

255r 241g   0b
250r 166g 26b
115r 206g 226b

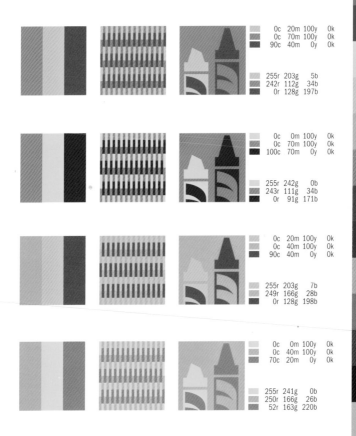

0c 20m 100y 0k
0c 70m 100y 0k
90c 40m 0y 0k

255r 203g 5b
242r 112g 34b
0r 128g 197b

0c 0m 100y 0k
0c 70m 100y 0k
100c 70m 0y 0k

255r 242g 0b
243r 111g 34b
0r 91g 171b

0c 20m 100y 0k
0c 40m 100y 0k
90c 40m 0y 0k

255r 203g 7b
249r 166g 28b
0r 128g 198b

0c 0m 100y 0k
0c 40m 100y 0k
70c 20m 0y 0k

255r 241g 0b
250r 166g 26b
52r 163g 220b

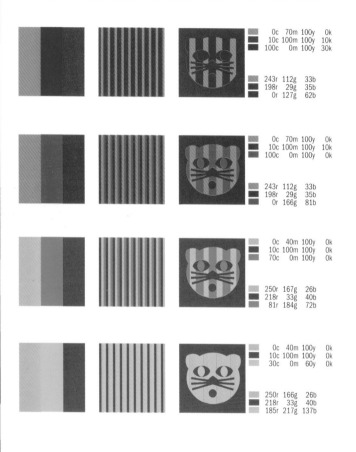

0c 70m 100y 0k
10c 100m 100y 10k
100c 0m 100y 30k

243r 112g 33b
198r 29g 35b
0r 127g 62b

0c 70m 100y 0k
10c 100m 100y 10k
100c 0m 100y 0k

243r 112g 33b
198r 29g 35b
0r 166g 81b

0c 40m 100y 0k
10c 100m 100y 0k
70c 0m 100y 0k

250r 167g 26b
218r 33g 40b
81r 184g 72b

0c 40m 100y 0k
10c 100m 100y 0k
30c 0m 60y 0k

250r 166g 26b
218r 33g 40b
185r 217g 137b

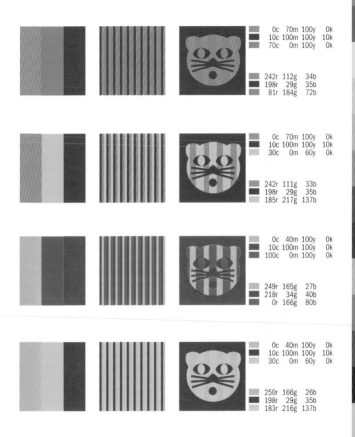

	0c	70m	100y	0k
	10c	100m	100y	10k
	70c	0m	100y	0k

	242r	112g	34b
	198r	29g	35b
	81r	184g	72b

	0c	70m	100y	0k
	10c	100m	100y	10k
	30c	0m	60y	0k

	242r	111g	33b
	198r	29g	35b
	185r	217g	137b

	0c	40m	100y	0k
	10c	100m	100y	0k
	100c	0m	100y	0k

	249r	165g	27b
	218r	34g	40b
	0r	166g	80b

	0c	40m	100y	0k
	10c	100m	100y	10k
	30c	0m	60y	0k

	250r	166g	26b
	198r	29g	35b
	183r	216g	137b

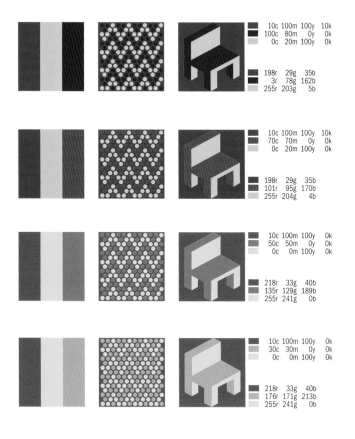

10c 100m 100y 10k
100c 80m 0y 0k
0c 20m 100y 0k

198r 29g 35b
3r 78g 162b
255r 203g 5b

10c 100m 100y 10k
70c 70m 0y 0k
0c 20m 100y 0k

198r 29g 35b
101r 95g 170b
255r 204g 4b

10c 100m 100y 0k
50c 50m 0y 0k
0c 0m 100y 0k

218r 33g 40b
135r 129g 189b
255r 241g 0b

10c 100m 100y 0k
30c 30m 0y 0k
0c 0m 100y 0k

218r 33g 40b
176r 171g 213b
255r 241g 0b

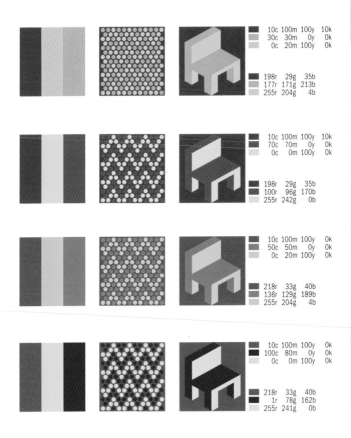

10c 100m 100y 10k
30c 30m 0y 0k
0c 20m 100y 0k

198r 29g 35b
177r 171g 213b
255r 204g 4b

10c 100m 100y 10k
70c 70m 0y 0k
0c 0m 100y 0k

198r 29g 35b
100r 96g 170b
255r 242g 0b

10c 100m 100y 0k
50c 50m 0y 0k
0c 20m 100y 0k

218r 33g 40b
136r 129g 189b
255r 204g 4b

10c 100m 100y 0k
100c 80m 0y 0k
0c 0m 100y 0k

218r 33g 40b
1r 78g 162b
255r 241g 0b

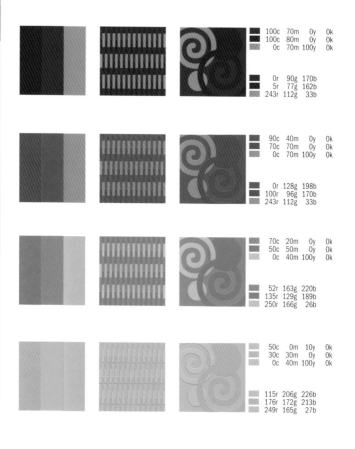

100c 70m 0y 0k
100c 80m 0y 0k
0c 70m 100y 0k

0r 90g 170b
5r 77g 162b
243r 112g 33b

90c 40m 0y 0k
70c 70m 0y 0k
0c 70m 100y 0k

0r 128g 198b
100r 96g 170b
243r 112g 33b

70c 20m 0y 0k
50c 50m 0y 0k
0c 40m 100y 0k

52r 163g 220b
135r 129g 189b
250r 166g 26b

50c 0m 10y 0k
30c 30m 0y 0k
0c 40m 100y 0k

115r 206g 226b
176r 172g 213b
249r 165g 27b

100c 70m   0y   0k
50c   50m   0y   0k
0c   70m   100y 0k

0r   90g   170b
135r 129g 189b
243r 112g 33b

50c   0m   10y 0k
70c   70m   0y   0k
0c   70m   100y 0k

115r 206g 226b
100r 96g   170b
243r 112g 33b

70c   20m   0y   0k
30c   30m   0y   0k
0c   40m   100y 0k

52r   163g 220b
176r 171g 213b
250r 165g 26b

100c 70m   0y   0k
70c   70m   0y   0k
0c   40m   100y 0k

0r   90g   170b
100r 96g   170b
249r 165g 27b

90c 40m 0y 0k
70c 0m 100y 0k
0c 20m 100y 0k
10c 100m 100y 0k

0r 128g 198b
82r 183g 72b
255r 203g 5b
218r 33g 40b

50c 0m 10y 0k
0c 20m 100y 0k
10c 100m 100y 10k
100c 80m 0y 0k

115r 206g 226b
255r 204g 6b
198r 29g 35b
3r 78g 162b

100c 70m 0y 0k
0c 0m 100y 0k
10c 100m 100y 10k
0c 70m 100y 0k

0r 91g 170b
255r 241g 0b
198r 29g 35b
243r 111g 34b

70c 20m 0y 0k
100c 0m 100y 30k
0c 0m 100y 0k
10c 100m 100y 0k

53r 163g 220b
0r 128g 62b
255r 241g 0b
218r 33g 40b

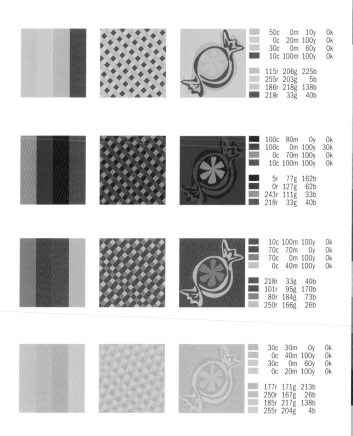

50c   0m   10y   0k
 0c   20m 100y   0k
30c   0m   60y   0k
10c 100m 100y   0k

115r 206g 225b
255r 203g   5b
186r 218g 138b
218r   33g   40b

100c   80m   0y   0k
100c   0m 100y   30k
  0c   70m 100y   0k
 10c 100m 100y   0k

  5r   77g 162b
  0r 127g   62b
243r 111g   33b
218r   33g   40b

 10c 100m 100y   0k
 70c   70m   0y   0k
 70c   0m 100y   0k
  0c   40m 100y   0k

218r   33g   40b
101r   95g 170b
 80r 184g   73b
250r 166g   26b

 30c   30m   0y   0k
  0c   40m 100y   0k
 30c   0m   60y   0k
  0c   20m 100y   0k

177r 171g 213b
250r 167g   26b
185r 217g 138b
255r 204g   4b

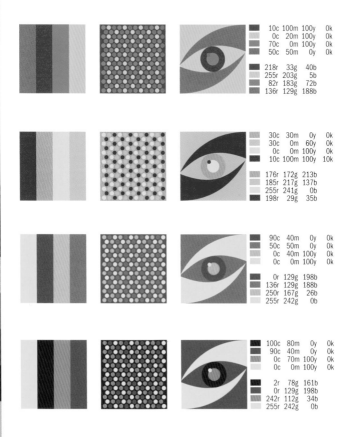

10c 100m 100y 0k
0c 20m 100y 0k
70c 0m 100y 0k
50c 50m 0y 0k

218r 33g 40b
255r 203g 5b
82r 183g 72b
136r 129g 188b

30c 30m 0y 0k
30c 0m 60y 0k
0c 0m 100y 0k
10c 100m 100y 10k

176r 172g 213b
185r 217g 137b
255r 241g 0b
198r 29g 35b

90c 40m 0y 0k
50c 50m 0y 0k
0c 40m 100y 0k
0c 0m 100y 0k

0r 129g 198b
136r 129g 188b
250r 167g 26b
255r 242g 0b

100c 80m 0y 0k
90c 40m 0y 0k
0c 70m 100y 0k
0c 0m 100y 0k

2r 78g 161b
0r 129g 198b
242r 112g 34b
255r 242g 0b

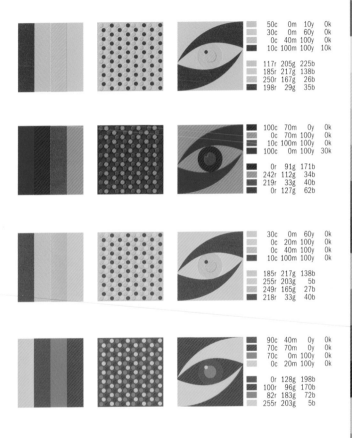

50c	0m	10y	0k
30c	0m	60y	0k
0c	40m	100y	0k
10c	100m	100y	10k

117r	205g	225b
185r	217g	138b
250r	167g	26b
198r	29g	35b

100c	70m	0y	0k
0c	70m	100y	0k
10c	100m	100y	0k
100c	0m	100y	30k

0r	91g	171b
242r	112g	34b
219r	33g	40b
0r	127g	62b

30c	0m	60y	0k
0c	20m	100y	0k
0c	40m	100y	0k
10c	100m	100y	0k

185r	217g	138b
255r	203g	5b
249r	165g	27b
218r	33g	40b

90c	40m	0y	0k
70c	70m	0y	0k
70c	0m	100y	0k
0c	20m	100y	0k

0r	128g	198b
100r	96g	170b
82r	183g	72b
255r	203g	5b

2: ACTIVE

In this chapter: intense hues are borrowed from around the color wheel. Combinations of saturated primary, secondary and tertiary colors (defined on pages 30–31) are featured on the pages ahead.

To many people, palettes of intense colors such as these suggest sport, travel and excitement. Most of these hues are not considered "natural" colors, but since they are often exaggerations of natural hues, they can be used to convey a sense of adventure and the outdoors.

Palettes such as those featured in this chapter are often directed toward young people and active adults. More sedentary audiences might also be targeted with vibrant hues—though perhaps through palettes that also contain a mixture of restrained shades. (Chapter 6, *Muted*, pages 172–203, features several such palettes).

Brainstorming Active Hues:

View media aimed toward younger audiences for ideas. Take a look at children's books, youth fashions, toys and the colors of sports teams.

Investigate triadic, split complementary, analogous and monochromatic schemes. (See pages 58–59.)

What background best emphasizes your bright colors? White? Black? Gray or a neutral? A muted color?

Try combining hues of similar values, hues of contrasting values, hues that are similarly saturated, or hues with varied levels of saturation.

Should your palette be composed entirely of warmer hues, cooler colors or a mixture of both?

What about adding visual separators between the colors you are using? (See pages 88–89.)

To access the downloadable digital swatches for the palettes in *Color Index, Revised Edition,* visit **www.mydesignshop.com/swatches**.

Intense Hues,
Palette 1

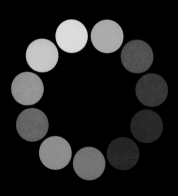

70c 10m 0y 0k
30c 100m 0y 0k

22r 177g 231b
180r 30g 142b

30c 0m 100y 0k
50c 100m 0y 0k

190r 215g 48b
146r 39g 143b

0c 20m 100y 0k
30c 100m 0y 0k

255r 204g 4b
180r 30g 142b

30c 0m 100y 0k
70c 10m 0y 0k

190r 215g 49b
24r 177g 231b

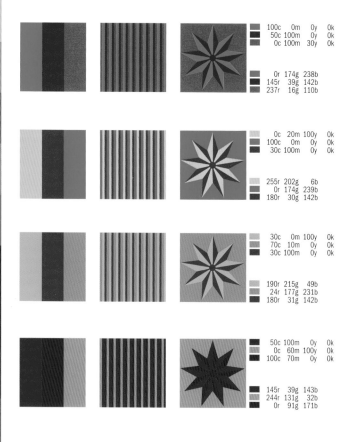

100c 0m 0y 0k
50c 100m 0y 0k
0c 100m 30y 0k

0r 174g 238b
145r 39g 142b
237r 16g 110b

0c 20m 100y 0k
100c 0m 0y 0k
30c 100m 0y 0k

255r 202g 6b
0r 174g 239b
180r 30g 142b

30c 0m 100y 0k
70c 10m 0y 0k
30c 100m 0y 0k

190r 215g 49b
24r 177g 231b
180r 31g 142b

50c 100m 0y 0k
0c 60m 100y 0k
100c 70m 0y 0k

145r 39g 143b
244r 131g 32b
0r 91g 171b

0c 90m 100y 0k
30c 100m 0y 0k
30c 0m 100y 0k

239r 66g 35b
180r 30g 141b
191r 215g 48b

0c 90m 100y 0k
100c 30m 0y 0k
30c 100m 0y 0k

239r 66g 35b
237r 12g 110b
180r 30g 141b

0c 0m 100y 0k
70c 10m 0y 0k
30c 100m 0y 0k

255r 242g 0b
24r 177g 231b
180r 30g 142b

0c 60m 100y 0k
30c 100m 0y 0k
30c 0m 100y 0k

245r 130g 32b
180r 30g 142b
190r 215g 48b

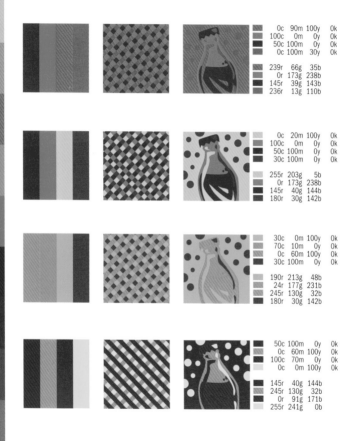

0c	90m	100y	0k
100c	0m	0y	0k
50c	100m	0y	0k
0c	100m	30y	0k
239r	66g	35b
0r	173g	238b
145r	39g	143b
236r	13g	110b

0c	20m	100y	0k
100c	0m	0y	0k
50c	100m	0y	0k
30c	100m	0y	0k
255r	203g	5b
0r	173g	238b
145r	40g	144b
180r	30g	142b

30c	0m	100y	0k
70c	10m	0y	0k
0c	60m	100y	0k
30c	100m	0y	0k
190r	213g	48b
24r	177g	231b
245r	130g	32b
180r	30g	142b

50c	100m	0y	0k
0c	60m	100y	0k
100c	70m	0y	0k
0c	0m	100y	0k
145r	40g	144b
245r	130g	32b
0r	91g	171b
255r	241g	0b

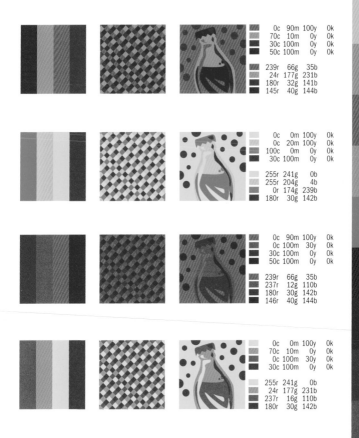

0c 90m 100y 0k
70c 10m 0y 0k
30c 100m 0y 0k
50c 100m 0y 0k

239r 66g 35b
24r 177g 231b
180r 32g 141b
145r 40g 144b

0c 0m 100y 0k
0c 20m 100y 0k
100c 0m 0y 0k
30c 100m 0y 0k

255r 241g 0b
255r 204g 4b
0r 174g 239b
180r 30g 142b

0c 90m 100y 0k
0c 100m 30y 0k
30c 100m 0y 0k
50c 100m 0y 0k

239r 66g 35b
237r 12g 110b
180r 30g 142b
146r 40g 144b

0c 0m 100y 0k
70c 10m 0y 0k
0c 100m 30y 0k
30c 100m 0y 0k

255r 241g 0b
24r 177g 231b
237r 16g 110b
180r 30g 142b

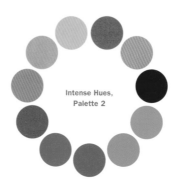

Intense Hues,
Palette 2

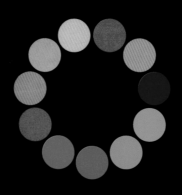

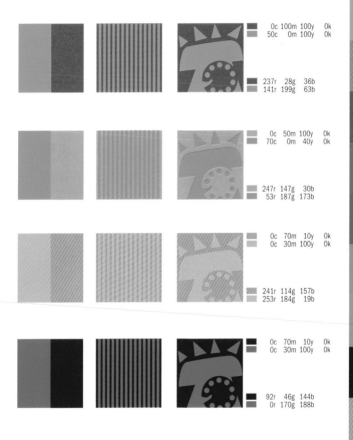

0c 100m 100y 0k
50c 0m 100y 0k

237r 28g 36b
141r 199g 63b

0c 50m 100y 0k
70c 0m 40y 0k

247r 147g 30b
53r 187g 173b

0c 70m 10y 0k
0c 30m 100y 0k

241r 114g 157b
253r 184g 19b

0c 70m 10y 0k
0c 30m 100y 0k

92r 46g 144b
0r 170g 188b

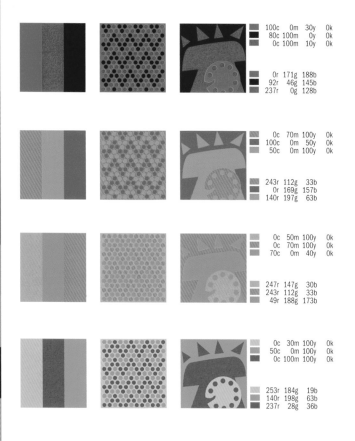

100c   0m 30y 0k
80c 100m   0y 0k
0c 100m 10y 0k

0r 171g 188b
92r 46g 145b
237r   0g 128b

0c 70m 100y 0k
100c   0m 50y 0k
50c   0m 100y 0k

243r 112g 33b
0r 169g 157b
140r 197g 63b

0c 50m 100y 0k
0c 70m 100y 0k
70c   0m 40y 0k

247r 147g 30b
243r 112g 33b
49r 188g 173b

0c 30m 100y 0k
50c   0m 100y 0k
0c 100m 100y 0k

253r 184g 19b
140r 198g 63b
237r 28g 36b

0c 50m 100y 0k
0c 70m 100y 0k
100c 0m 30y 0k

247r 147g 30b
243r 111g 33b
0r 171g 188b

0c 100m 100y 0k
100c 0m 50y 0k
50c 0m 100y 0k

236r 29g 37b
0r 168g 156b
141r 199g 63b

50c 0m 100y 0k
100c 0m 30y 0k
0c 30m 100y 0k

141r 199g 63b
0r 171g 188b
253r 185g 19b

0c 70m 100y 0k
100c 0m 50y 0k
80c 100m 0y 0k

242r 112g 34b
0r 169g 157b
92r 45g 145b

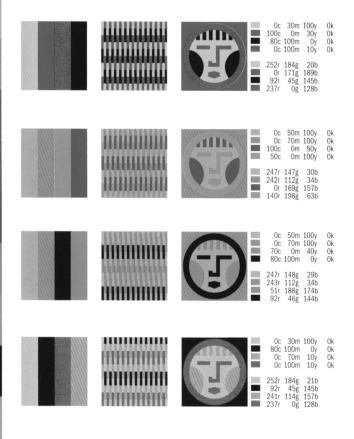

0c 30m 100y 0k
100c 0m 30y 0k
80c 100m 0y 0k
0c 100m 10y 0k

252r 184g 20b
0r 171g 189b
92r 45g 145b
237r 0g 128b

0c 50m 100y 0k
0c 70m 100y 0k
100c 0m 50y 0k
50c 0m 100y 0k

247r 147g 30b
242r 112g 34b
0r 169g 157b
140r 198g 63b

0c 50m 100y 0k
0c 70m 100y 0k
70c 0m 40y 0k
80c 100m 0y 0k

247r 148g 29b
243r 112g 34b
51r 188g 174b
92r 46g 144b

0c 30m 100y 0k
80c 100m 0y 0k
0c 70m 10y 0k
0c 100m 10y 0k

252r 184g 21b
92r 45g 145b
241r 114g 157b
237r 0g 128b

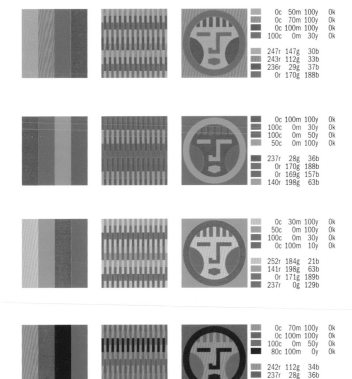

0c 50m 100y 0k
0c 70m 100y 0k
0c 100m 100y 0k
100c   0m 30y 0k

247r 147g 30b
243r 112g 33b
236r 29g 37b
0r 170g 188b

0c 100m 100y 0k
100c   0m 30y 0k
100c   0m 50y 0k
50c   0m 100y 0k

237r 28g 36b
0r 170g 188b
0r 169g 157b
140r 198g 63b

0c 30m 100y 0k
50c   0m 100y 0k
100c   0m 30y 0k
0c 100m 10y 0k

252r 184g 21b
141r 198g 63b
0r 171g 189b
237r   0g 129b

0c 70m 100y 0k
0c 100m 100y 0k
100c   0m 50y 0k
80c 100m   0y 0k

242r 112g 34b
237r 28g 36b
0r 168g 156b
93r 45g 145b

Begin by selecting a color that will enforce your message conceptually while appealing to your target audience. This is your "foundation color." Now look for companion hues to add to your foundation color by exploring the following relationships: analogous, split complementary, triadic and monochromatic.

If your foundation color is muted, try muting the other colors similarly. Also see what happens when it is combined with colors that are fully saturated.

Analogous:
Hues positioned directly next to a foundation color on the color wheel. The neighbors could be those on either side of the original hue, or the pair of colors to its left or right.

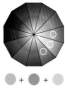

Analogous, variation:
Sets made of every-other spoke on the color wheel.

Split Complementary:
The two colors on either side of a foundation hue's complement.

Triadic:
A set of three hues that are equally spaced around the color wheel.

Monochromatic:
A hue that is combined with versions of itself that are of greater or lesser value or saturation.

Intense Hues,
Palette 3

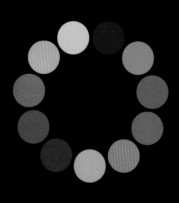

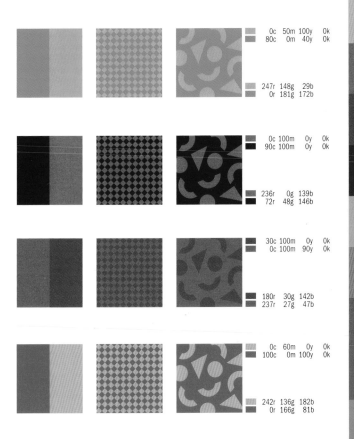

| | 0c | 50m | 100y | 0k |
| | 80c | 0m | 40y | 0k |

| | 247r | 148g | 29b |
| | 0r | 181g | 172b |

| | 0c | 100m | 0y | 0k |
| | 90c | 100m | 0y | 0k |

| | 236r | 0g | 139b |
| | 72r | 48g | 146b |

| | 30c | 100m | 0y | 0k |
| | 0c | 100m | 90y | 0k |

| | 180r | 30g | 142b |
| | 237r | 27g | 47b |

| | 0c | 60m | 0y | 0k |
| | 100c | 0m | 100y | 0k |

| | 242r | 136g | 182b |
| | 0r | 166g | 81b |

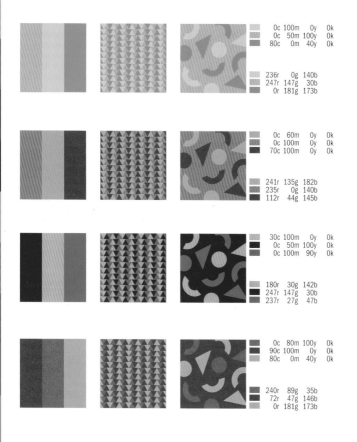

0c 100m 0y 0k
0c 50m 100y 0k
80c 0m 40y 0k

236r 0g 140b
247r 147g 30b
0r 181g 173b

0c 60m 0y 0k
0c 100m 0y 0k
70c 100m 0y 0k

241r 135g 182b
235r 0g 140b
112r 44g 145b

30c 100m 0y 0k
0c 50m 100y 0k
0c 100m 90y 0k

180r 30g 142b
247r 147g 30b
237r 27g 47b

0c 80m 100y 0k
90c 100m 0y 0k
80c 0m 40y 0k

240r 89g 35b
72r 47g 146b
0r 181g 173b

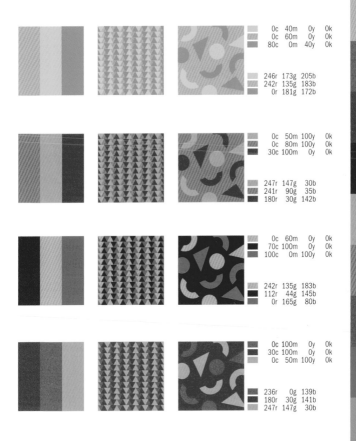

0c 40m 0y 0k
0c 60m 0y 0k
80c 0m 40y 0k

246r 173g 205b
242r 135g 183b
0r 181g 172b

0c 50m 100y 0k
0c 80m 100y 0k
30c 100m 0y 0k

247r 147g 30b
241r 90g 35b
180r 30g 142b

0c 60m 0y 0k
70c 100m 0y 0k
100c 0m 100y 0k

242r 135g 183b
112r 44g 145b
0r 165g 80b

0c 100m 0y 0k
30c 100m 0y 0k
0c 50m 100y 0k

236r 0g 139b
180r 30g 141b
247r 147g 30b

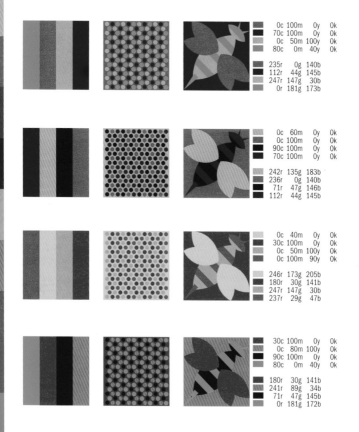

0c 100m 0y 0k
70c 100m 0y 0k
0c 50m 100y 0k
80c 0m 40y 0k

235r 0g 140b
112r 44g 145b
247r 147g 30b
0r 181g 173b

0c 60m 0y 0k
0c 100m 0y 0k
90c 100m 0y 0k
70c 100m 0y 0k

242r 135g 183b
236r 0g 140b
71r 47g 146b
112r 44g 145b

0c 40m 0y 0k
30c 100m 0y 0k
0c 50m 100y 0k
0c 100m 90y 0k

246r 173g 205b
180r 30g 141b
247r 147g 30b
237r 29g 47b

30c 100m 0y 0k
0c 80m 100y 0k
90c 100m 0y 0k
80c 0m 40y 0k

180r 30g 141b
241r 89g 34b
71r 47g 145b
0r 181g 172b

64

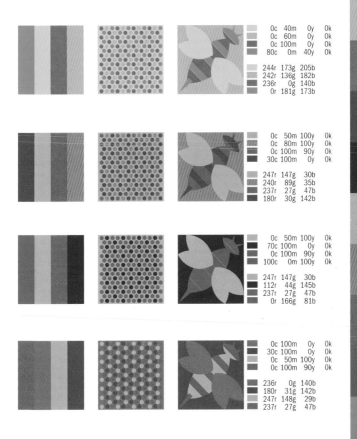

0c 40m 0y 0k
0c 60m 0y 0k
0c 100m 0y 0k
80c 0m 40y 0k

244r 173g 205b
242r 136g 182b
236r 0g 140b
0r 181g 173b

0c 50m 100y 0k
0c 80m 100y 0k
0c 100m 90y 0k
30c 100m 0y 0k

247r 147g 30b
240r 89g 35b
237r 27g 47b
180r 30g 142b

0c 50m 100y 0k
70c 100m 0y 0k
0c 100m 90y 0k
100c 0m 100y 0k

247r 147g 30b
112r 44g 145b
237r 27g 47b
0r 166g 81b

0c 100m 0y 0k
30c 100m 0y 0k
0c 50m 100y 0k
0c 100m 90y 0k

236r 0g 140b
180r 31g 142b
247r 148g 29b
237r 27g 47b

Intense
Natural Tones

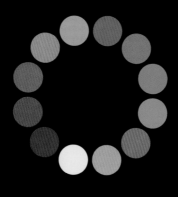

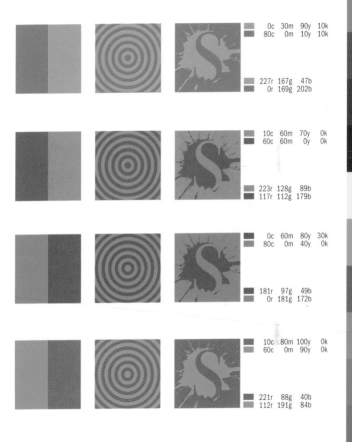

0c	30m	90y	10k
80c	0m	10y	10k

227r 167g 47b
0r 169g 202b

10c 60m 70y 0k
60c 60m 0y 0k

223r 128g 89b
117r 112g 179b

0c 60m 80y 30k
80c 0m 40y 0k

181r 97g 49b
0r 181g 172b

10c 80m 100y 0k
60c 0m 90y 0k

221r 88g 40b
112r 191g 84b

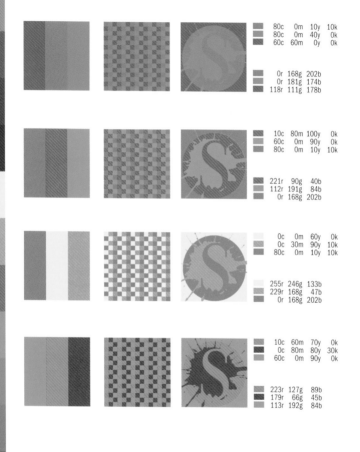

80c   0m   10y   10k
80c   0m   40y   0k
60c   60m   0y   0k

0r   168g   202b
0r   181g   174b
118r   111g   178b

10c   80m   100y   0k
60c   0m   90y   0k
80c   0m   10y   10k

221r   90g   40b
112r   191g   84b
0r   168g   202b

0c   0m   60y   0k
0c   30m   90y   10k
80c   0m   10y   10k

255r   246g   133b
229r   168g   47b
0r   168g   202b

10c   60m   70y   0k
0c   80m   80y   30k
60c   0m   90y   0k

223r   127g   89b
179r   66g   45b
113r   192g   84b

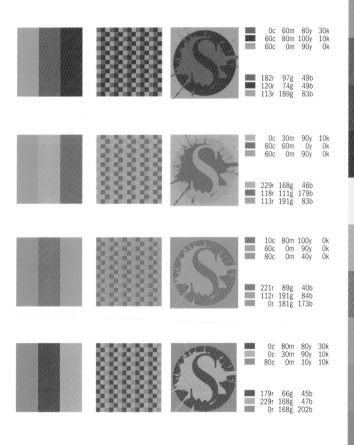

0c	60m	80y	30k
60c	80m	100y	10k
60c	0m	90y	0k

182r	97g	49b
120r	74g	49b
113r	189g	83b

0c	30m	90y	10k
60c	60m	0y	0k
60c	0m	90y	0k

229r	168g	46b
118r	111g	179b
113r	191g	83b

10c	80m	100y	0k
60c	0m	90y	0k
80c	0m	40y	0k

221r	89g	40b
112r	191g	84b
0r	181g	173b

0c	80m	80y	30k
0c	30m	90y	10k
80c	0m	10y	10k

179r	66g	45b
229r	168g	47b
0r	168g	202b

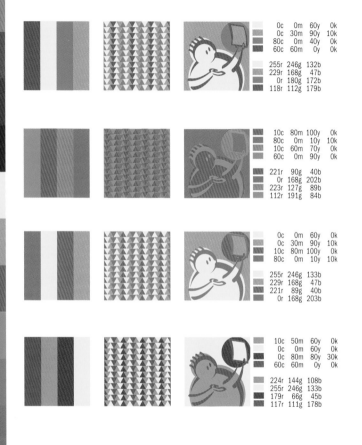

0c 0m 60y 0k
0c 30m 90y 10k
80c 0m 40y 0k
60c 60m 0y 0k

255r 246g 132b
229r 168g 47b
0r 180g 172b
118r 112g 179b

10c 80m 100y 0k
80c 0m 10y 10k
10c 60m 70y 0k
60c 0m 90y 0k

221r 90g 40b
0r 168g 202b
223r 127g 89b
112r 191g 84b

0c 0m 60y 0k
0c 30m 90y 10k
10c 80m 100y 0k
80c 0m 10y 10k

255r 246g 133b
229r 168g 47b
221r 89g 40b
0r 168g 203b

10c 50m 60y 0k
0c 0m 60y 0k
0c 80m 80y 30k
60c 60m 0y 0k

224r 144g 108b
255r 246g 133b
179r 66g 45b
117r 111g 178b

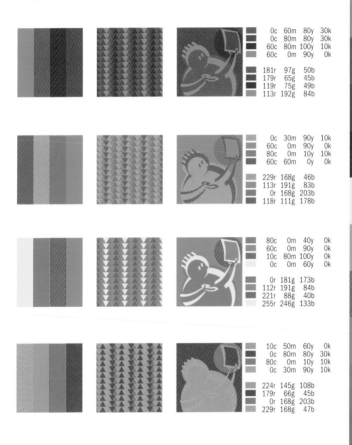

0c 60m 80y 30k
0c 80m 80y 30k
60c 80m 100y 10k
60c 0m 90y 0k

181r 97g 50b
179r 65g 45b
119r 75g 49b
113r 192g 84b

0c 30m 90y 10k
60c 0m 90y 0k
80c 0m 10y 10k
60c 60m 0y 0k

229r 168g 46b
113r 191g 83b
0r 168g 203b
118r 111g 178b

80c 0m 40y 0k
60c 0m 90y 0k
10c 80m 100y 0k
0c 0m 60y 0k

0r 181g 173b
112r 191g 84b
221r 88g 40b
255r 246g 133b

10c 50m 60y 0k
0c 80m 80y 30k
80c 0m 10y 10k
0c 30m 90y 10k

224r 145g 108b
179r 66g 45b
0r 168g 203b
229r 168g 47b

3: QUIET

Calm. Serene. Relaxed. Sometimes pale, sometimes dark, sometimes in between.

Hues in the blue, blue-green and blue-violet spectrum convey a visual quietude to many people. Generally speaking, people do not see these colors as signals for alarm in the way they might react to red, yellow or orange tones.

Palettes built with colors of any hue can be calmed by muting their saturation levels (see the examples on pages 186–187) or by restricting the differences in value between a palette's members. A combination of pale or pastel hues can also be used to transmit low-key emotional conveyances.

Brainstorming Quiet Hues:

Consider blues, blue-greens, blue-violets. Think about using full-strength, muted, dark or pale versions of these hues.

Muted, dark or pale renditions of any color can deliver calming conveyances.

What about complementing the flowing, soothing graphic elements of your layout with a palette of quiet hues?

As always, take a look at different background options. Should your quiet hues be set against a dark, light, bright or muted backdrop?

Limiting the value contrasts in a palette of quiet hues further softens their visual impact.

If you are constructing a layout using restrained colors, thoroughly consider your typographic and compositional options. Which choices pair best the palette you are using?

To access the downloadable digital swatches for the palettes in *Color Index, Revised Edition*, visit www.mydesignshop.com/swatches.

73

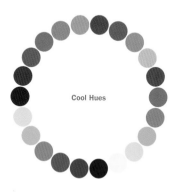

Cool Hues

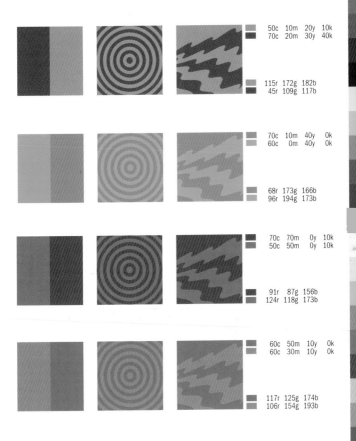

50c	10m	20y	10k
70c	20m	30y	40k

115r 172g 182b
45r 109g 117b

70c 10m 40y 0k
60c 0m 40y 0k

68r 173g 166b
96r 194g 173b

70c 70m 0y 10k
50c 50m 0y 10k

91r 87g 156b
124r 118g 173b

60c 50m 10y 0k
60c 30m 10y 0k

117r 125g 174b
106r 154g 193b

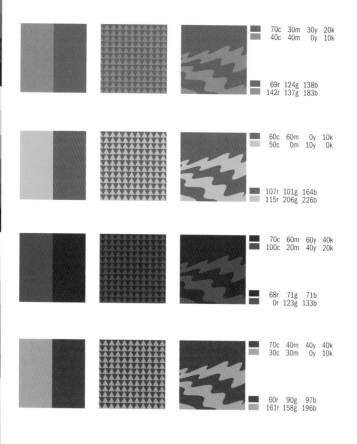

70c 30m 30y 20k
40c 40m 0y 10k

69r 124g 138b
142r 137g 183b

60c 60m 0y 10k
50c 0m 10y 0k

107r 101g 164b
115r 206g 226b

70c 60m 60y 40k
100c 20m 40y 20k

68r 71g 71b
0r 123g 133b

70c 40m 40y 40k
30c 30m 0y 10k

60r 90g 97b
161r 158g 196b

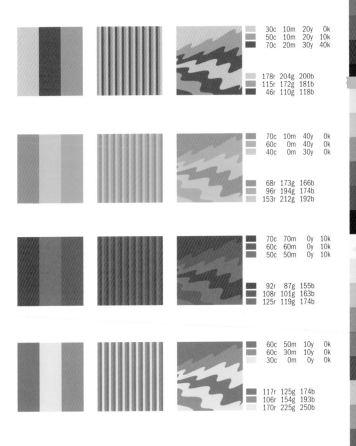

30c	10m	20y	0k
50c	10m	20y	10k
70c	20m	30y	40k

178r 204g 200b
115r 172g 181b
46r 110g 118b

70c	10m	40y	0k
60c	0m	40y	0k
40c	0m	30y	0k

68r 173g 166b
96r 194g 174b
153r 212g 192b

70c	70m	0y	10k
60c	60m	0y	10k
50c	50m	0y	10k

92r 87g 155b
108r 101g 163b
125r 119g 174b

60c	50m	10y	0k
60c	30m	10y	0k
30c	0m	0y	0k

117r 125g 174b
106r 154g 193b
170r 225g 250b

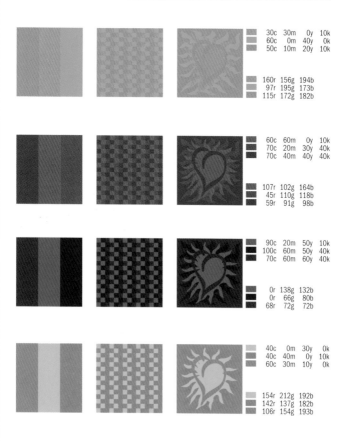

30c 30m 0y 10k
60c 0m 40y 0k
50c 10m 20y 10k

160r 156g 194b
97r 195g 173b
115r 172g 182b

60c 60m 0y 10k
70c 20m 30y 40k
70c 40m 40y 40k

107r 102g 164b
45r 110g 118b
59r 91g 98b

90c 20m 50y 10k
100c 60m 50y 40k
70c 60m 60y 40k

0r 138g 132b
0r 66g 80b
68r 72g 72b

40c 0m 30y 0k
40c 40m 0y 10k
60c 30m 10y 0k

154r 212g 192b
142r 137g 182b
106r 154g 193b

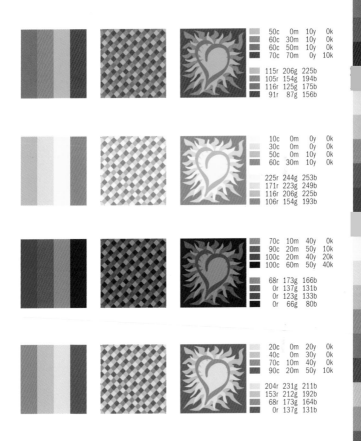

50c	0m	10y	0k
60c	30m	10y	0k
60c	50m	10y	0k
70c	70m	0y	10k

115r	206g	225b
105r	154g	194b
116r	125g	175b
91r	87g	156b

10c	0m	0y	0k
30c	0m	0y	0k
50c	0m	10y	0k
60c	30m	10y	0k

225r	244g	253b
171r	223g	249b
116r	206g	225b
106r	154g	193b

70c	10m	40y	0k
90c	20m	50y	10k
100c	20m	40y	20k
100c	60m	50y	40k

68r	173g	166b
0r	137g	131b
0r	123g	133b
0r	66g	80b

20c	0m	20y	0k
40c	0m	30y	0k
70c	10m	40y	0k
90c	20m	50y	10k

204r	231g	211b
153r	212g	192b
68r	173g	164b
0r	137g	131b

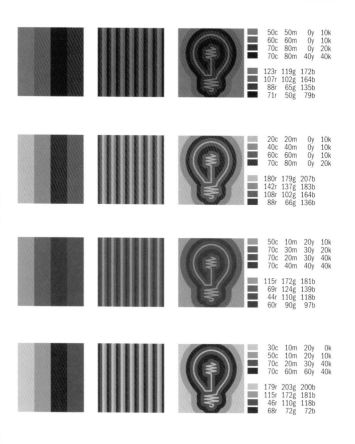

50c 50m 0y 10k
60c 60m 0y 10k
70c 80m 0y 20k
70c 80m 40y 40k

123r 119g 172b
107r 102g 164b
88r 65g 135b
71r 50g 79b

20c 20m 0y 10k
40c 40m 0y 10k
60c 60m 0y 10k
70c 80m 0y 20k

180r 179g 207b
142r 137g 183b
108r 102g 164b
88r 66g 136b

50c 10m 20y 10k
70c 30m 30y 20k
70c 20m 30y 40k
70c 40m 40y 40k

115r 172g 181b
69r 124g 139b
44r 110g 118b
60r 90g 97b

30c 10m 20y 0k
50c 10m 20y 10k
70c 20m 30y 40k
70c 60m 60y 40k

179r 203g 200b
115r 172g 181b
46r 110g 118b
68r 72g 72b

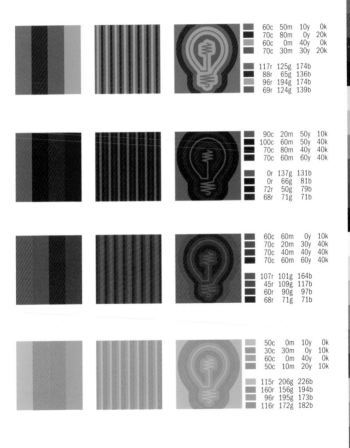

60c 50m 10y 0k
70c 80m 0y 20k
60c 0m 40y 0k
70c 30m 30y 20k

117r 125g 174b
88r 65g 136b
96r 194g 174b
69r 124g 139b

90c 20m 50y 10k
100c 60m 50y 40k
70c 80m 40y 40k
70c 60m 60y 40k

0r 137g 131b
0r 66g 81b
72r 50g 79b
68r 71g 71b

60c 60m 0y 10k
70c 20m 30y 40k
70c 40m 40y 40k
70c 60m 60y 40k

107r 101g 164b
45r 109g 117b
60r 90g 97b
68r 71g 71b

50c 0m 10y 0k
30c 30m 0y 10k
60c 0m 40y 0k
50c 10m 20y 10k

115r 206g 226b
160r 156g 194b
96r 195g 173b
116r 172g 182b

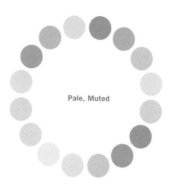

Pale, Muted

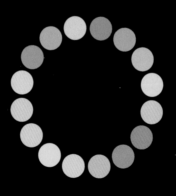

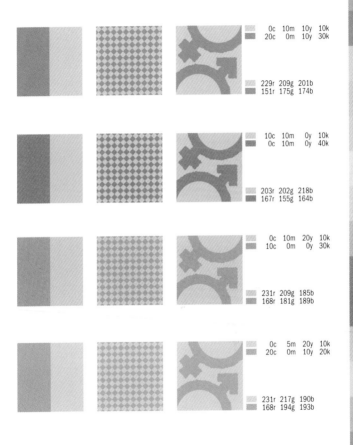

0c	10m	10y	10k
20c	0m	10y	30k

229r 209g 201b
151r 175g 174b

10c	10m	0y	10k
0c	10m	0y	40k

203r 202g 218b
167r 155g 164b

0c	10m	20y	10k
10c	0m	0y	30k

231r 209g 185b
168r 181g 189b

0c	5m	20y	10k
20c	0m	10y	20k

231r 217g 190b
168r 194g 193b

20c   0m   10y   20k
20c   0m   10y   30k
0c 10m   10y   10k

167r 193g 192b
149r 174g 174b
229r 209g 201b

10c   0m   10y   10k
0c   5m   20y   10k
0c 10m   10y   10k

205r 220g 211b
232r 219g 190b
229r 209g 201b

20c   0m   10y   20k
20c   0m   10y   30k
10c 10m   0y   10k

168r 194g 192b
150r 174g 174b
203r 202g 218b

0c   5m   20y   10k
10c   0m   0y   10k
0c 10m   0y   40k

231r 218g 190b
204r 221g 229b
166r 155g 163b

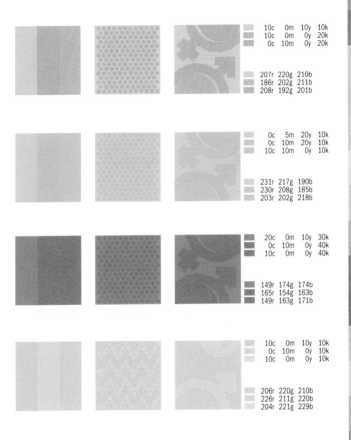

10c   0m   10y   10k
10c   0m   0y   20k
0c   10m   0y   20k

207r 220g 210b
186r 202g 211b
208r 192g 201b

0c   5m   20y   10k
0c   10m   20y   10k
10c   10m   0y   10k

231r 217g 190b
230r 208g 185b
203r 202g 218b

20c   0m   10y   30k
0c   10m   0y   40k
10c   0m   0y   40k

149r 174g 174b
165r 154g 163b
149r 163g 171b

10c   0m   10y   10k
0c   10m   0y   10k
10c   0m   0y   10k

206r 220g 210b
226r 211g 220b
204r 221g 229b

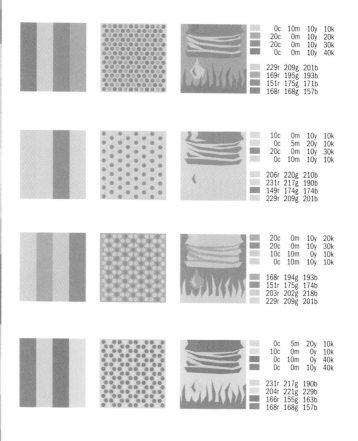

0c	10m	10y	10k
20c	0m	10y	20k
20c	0m	10y	30k
0c	0m	10y	40k

229r	209g	201b
169r	195g	193b
151r	175g	171b
168r	168g	157b

10c	0m	10y	10k
0c	5m	20y	10k
20c	0m	10y	30k
0c	10m	10y	10k

206r	220g	210b
231r	217g	190b
149r	174g	174b
229r	209g	201b

20c	0m	10y	20k
20c	0m	10y	30k
10c	10m	0y	10k
0c	10m	10y	10k

168r	194g	193b
151r	175g	174b
203r	202g	218b
229r	209g	201b

0c	5m	20y	10k
10c	0m	0y	10k
0c	10m	0y	40k
0c	0m	10y	40k

231r	217g	190b
204r	221g	229b
166r	155g	163b
168r	168g	157b

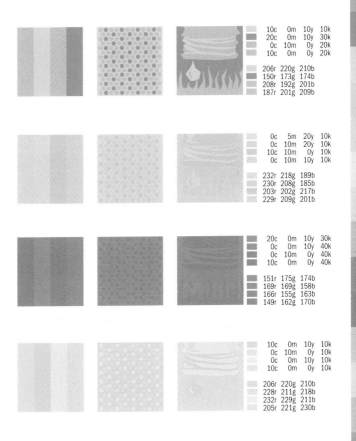

10c   0m   10y   10k
20c   0m   10y   30k
0c   10m   0y   20k
10c   0m   0y   20k

206r   220g   210b
150r   173g   174b
208r   192g   201b
187r   201g   209b

0c   5m   20y   10k
0c   10m   20y   10k
10c   10m   0y   10k
0c   10m   10y   10k

232r   218g   189b
230r   208g   185b
203r   202g   217b
229r   209g   201b

20c   0m   10y   30k
0c   0m   10y   40k
0c   10m   0y   40k
10c   0m   0y   40k

151r   175g   174b
169r   169g   158b
166r   155g   163b
149r   162g   170b

10c   0m   10y   10k
0c   10m   0y   10k
0c   0m   10y   10k
10c   0m   0y   10k

206r   220g   210b
228r   211g   218b
232r   229g   211b
205r   221g   230b

Consider using lines as dividers between the colors in an illustration or design. Lines between colors can improve the clarity of an image's content while contributing stylistically to its appearance.

The illustration at left contains four shades that have no separation between them.

The examples at right show the same design with white, black and gray lines used as dividers. A fourth illustration features a different sort of divider between hues: blurred edges.

Other options that could be considered are colored lines; lines that are either thicker or thinner than those shown here; lines with textured edges; and lines that appear sketched, scratched or painted.

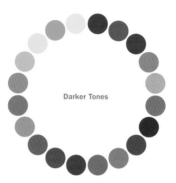

Darker Tones

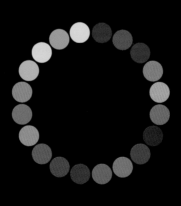

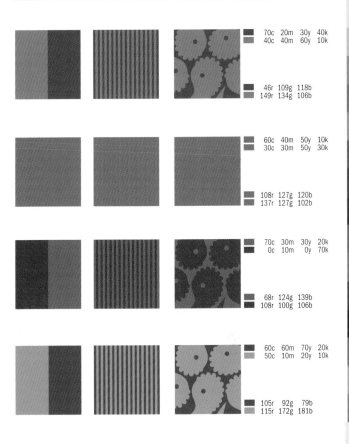

70c 20m 30y 40k
40c 40m 60y 10k

46r 109g 118b
149r 134g 106b

60c 40m 50y 10k
30c 30m 50y 30k

108r 127g 120b
137r 127g 102b

70c 30m 30y 20k
0c 10m 0y 70k

68r 124g 139b
108r 100g 106b

60c 60m 70y 20k
50c 10m 20y 10k

105r 92g 79b
115r 172g 181b

60c 40m 50y 10k
60c 60m 70y 20k
30c 30m 50y 30k

110r 126g 119b
104r 92g 79b
137r 127g 102b

60c 60m 70y 20k
30c 30m 50y 30k
0c 0m 10y 70k

105r 92g 79b
137r 127g 102b
110r 110g 103b

0c 20m 50y 20k
50c 0m 10y 0k
30c 0m 0y 0k

209r 172g 118b
115r 206g 226b
171r 223g 249b

0c 40m 50y 30k
70c 40m 40y 40k
70c 30m 30y 20k

185r 127g 96b
59r 91g 98b
69r 125g 139b

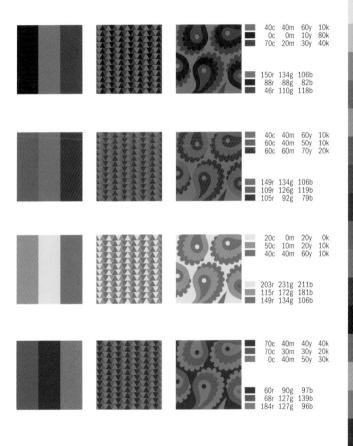

40c	40m	60y	10k
0c	0m	10y	80k
70c	20m	30y	40k

150r	134g	106b
88r	88g	82b
46r	110g	118b

40c	40m	60y	10k
60c	40m	50y	10k
60c	60m	70y	20k

149r	134g	106b
109r	126g	119b
105r	92g	79b

20c	0m	20y	0k
50c	10m	20y	10k
40c	40m	60y	10k

203r	231g	211b
115r	172g	181b
149r	134g	106b

70c	40m	40y	40k
70c	30m	30y	20k
0c	40m	50y	30k

60r	90g	97b
68r	127g	139b
184r	127g	96b

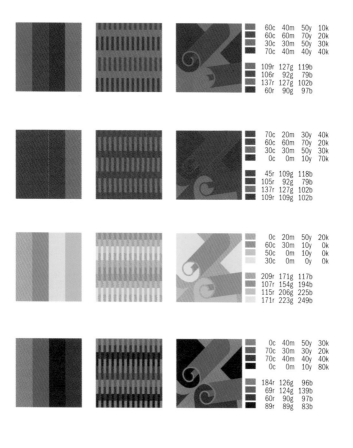

60c 40m 50y 10k
60c 60m 70y 20k
30c 30m 50y 30k
70c 40m 40y 40k

109r 127g 119b
106r 92g 79b
137r 127g 102b
60r 90g 97b

70c 20m 30y 40k
60c 60m 70y 20k
30c 30m 50y 30k
0c 0m 10y 70k

45r 109g 118b
105r 92g 79b
137r 127g 102b
109r 109g 102b

0c 20m 50y 20k
60c 30m 10y 0k
50c 0m 10y 0k
30c 0m 0y 0k

209r 171g 117b
107r 154g 194b
115r 206g 225b
171r 223g 249b

0c 40m 50y 30k
70c 30m 30y 20k
70c 40m 40y 40k
0c 0m 10y 80k

184r 126g 96b
69r 124g 139b
60r 90g 97b
89r 89g 83b

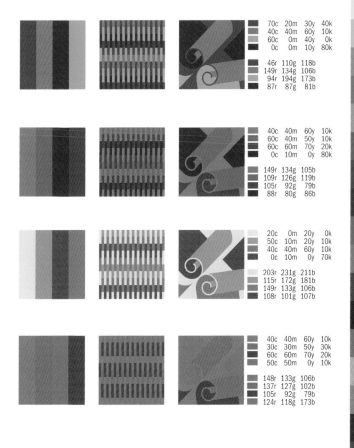

70c	20m	30y	40k
40c	40m	60y	10k
60c	0m	40y	0k
0c	0m	10y	80k

46r	110g	118b
149r	134g	106b
94r	194g	173b
87r	87g	81b

40c	40m	60y	10k
60c	40m	50y	10k
60c	60m	70y	20k
0c	10m	0y	80k

149r	134g	105b
109r	126g	119b
105r	92g	79b
88r	80g	86b

20c	0m	20y	0k
50c	10m	20y	10k
40c	40m	60y	10k
0c	10m	0y	70k

203r	231g	211b
115r	172g	181b
149r	133g	106b
108r	101g	107b

40c	40m	60y	10k
30c	30m	50y	30k
60c	60m	70y	20k
50c	50m	0y	10k

148r	133g	106b
137r	127g	102b
105r	92g	79b
124r	118g	173b

Light Tints

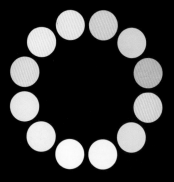

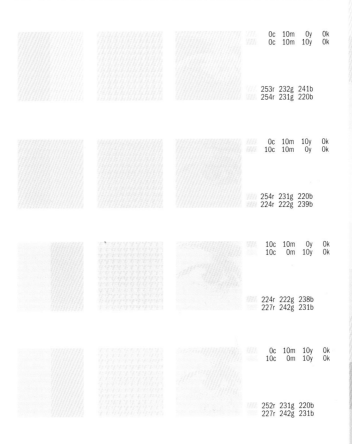

0c   10m   0y   0k
0c   10m   10y   0k

253r 232g 241b
254r 231g 220b

0c   10m   10y   0k
10c 10m   0y   0k

254r 231g 220b
224r 222g 239b

10c 10m   0y   0k
10c 0m   10y   0k

224r 222g 238b
227r 242g 231b

0c   10m   10y   0k
10c 0m   10y   0k

252r 231g 220b
227r 242g 231b

10c   0m   10y   0k
10c   0m   0y   0k

227r 242g 231b
225r 243g 252b

10c   10m   0y   0k
10c   0m   0y   0k

224r 222g 239b
225r 244g 253b

10c   10m   0y   0k
10c   0m   10y   0k

224r 222g 239b
227r 242g 231b

0c   10m   0y   0k
10c   10m   0y   0k

253r 232g 241b
224r 222g 239b

0c	10m	0y	0k
10c	0m	0y	0k
10c	0m	10y	0k

251r	233g	242b
225r	244g	253b
227r	242g	231b

0c	0m	10y	0k
10c	10m	0y	0k
10c	0m	10y	0k

255r	252g	231b
224r	222g	239b
228r	242g	231b

10c	0m	0y	0k
10c	0m	10y	0k
0c	10m	10y	0k

225r	243g	252b
227r	242g	231b
254r	231g	220b

0c	10m	0y	0k
10c	10m	0y	0k
10c	0m	10y	0k

253r	232g	241b
224r	222g	239b
227r	242g	231b

10c	0m	0y	0k
10c	10m	0y	0k
10c	0m	10y	0k

225r 244g 253b
224r 223g 240b
227r 242g 231b

0c	10m	10y	0k
10c	10m	0y	0k
10c	0m	10y	0k

252r 231g 221b
224r 222g 239b
228r 241g 230b

0c	10m	0y	0k
10c	10m	0y	0k
10c	0m	10y	0k

253r 232g 240b
224r 222g 239b
222r 242g 231b

0c	10m	0y	0k
10c	0m	0y	0k
10c	10m	0y	0k

253r 232g 241b
225r 243g 252b
224r 222g 239b

0c	10m	0y	0k
10c	0m	0y	0k
10c	0m	10y	0k
0c	10m	10y	0k

251r 233g 242b
226r 242g 251b
227r 242g 231b
252r 231g 221b

10c	0m	0y	0k
0c	10m	10y	0k
10c	10m	0y	0k
10c	0m	10y	0k

225r 244g 253b
254r 231g 220b
225r 222g 238b
227r 242g 231b

0c	10m	0y	0k
0c	10m	10y	0k
10c	10m	0y	0k
10c	0m	10y	0k

253r 232g 241b
252r 230g 220b
225r 222g 239b
227r 242g 231b

0c	10m	0y	0k
10c	0m	0y	0k
10c	10m	0y	0k
0c	10m	10y	0k

253r 232g 241b
225r 243g 252b
224r 222g 239b
254r 231g 220b

```
0c   10m   0y   0k
10c   0m   0y   0k
10c   0m  10y   0k
0c   10m  10y   0k

253r  232g  241b
225r  244g  253b
227r  242g  231b
254r  231g  220b
```

```
0c    0m  20y   0k
0c   10m  10y   0k
10c  10m   0y   0k
10c   0m  10y   0k

255r  252g  214b
254r  231g  220b
224r  222g  239b
227r  240g  230b
```

```
0c    0m  20y   0k
10c   0m   0y   0k
10c   0m  10y   0k
0c   10m  10y   0k

255r  252g  214b
225r  243g  252b
227r  240g  230b
254r  231g  220b
```

```
0c    0m  20y   0k
0c   10m   0y   0k
10c  10m   0y   0k
10c   0m  10y   0k

255r  252g  213b
253r  232g  241b
225r  223g  240b
227r  242g  231b
```

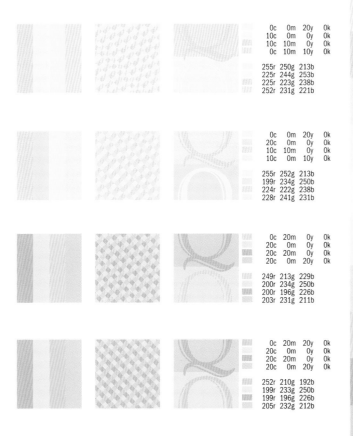

0c 0m 20y 0k
10c 0m 0y 0k
10c 10m 0y 0k
0c 10m 10y 0k

255r 250g 213b
225r 244g 253b
225r 223g 238b
252r 231g 221b

0c 0m 20y 0k
20c 0m 0y 0k
10c 10m 0y 0k
10c 0m 10y 0k

255r 252g 213b
199r 234g 250b
224r 222g 238b
228r 241g 231b

0c 20m 0y 0k
20c 0m 0y 0k
20c 20m 0y 0k
20c 0m 20y 0k

249r 213g 229b
200r 234g 250b
200r 196g 226b
203r 231g 211b

0c 20m 20y 0k
20c 0m 0y 0k
20c 20m 0y 0k
20c 0m 20y 0k

252r 210g 192b
199r 233g 250b
199r 196g 226b
205r 232g 212b

4: PROGRESSIVE

Every viewer has her/his idea of what a cutting-edge palette is today, what it was yesterday, and what it might be tomorrow. The hues and combinations featured in this chapter were selected because they are among those that seem to continually resurface in the media.

How do you know what colors are at the forefront of style and which ones aren't? Here's one way: Observe, study and expose yourself to contemporary culture until you feel like you have a good sense for what's happening in visual media today (trend-setting magazines and clothing stores are a good place to start).

Brainstorming Progressive Combinations:

Maintain a fresh sense of color trends by keeping tabs on progressive magazines, websites, television shows, movies, clothes and music packaging.

What kinds of colors are being used by cutting-edge retail shops these days?

How progressively-minded is the audience you are designing for? Are their style-based color and layout assumptions the same as yours? Get in sync with your audience by spending time viewing the media they view.

What is your forward-thinking client's competition doing? What colors can you choose to set your client apart from the crowd?

Stretch your ideas to the breaking point. Break into new territory.

To access the downloadable digital swatches for the palettes in *Color Index, Revised Edition,* visit **www.mydesignshop.com/swatches**.

Mixed
Palette

40c 0m 70y 0k
10c 20m 80y 30k

161r 208g 120b
171r 146g 60b

20c 0m 100y 0k
60c 0m 30y 30k

214r 223g 36b
67r 148g 144b

10c 10m 80y 20k
0c 40m 100y 10k

192r 177g 70b
226r 150g 24b

20c 0m 100y 0k
0c 60m 60y 0k

216r 224g 34b
245r 132g 102b

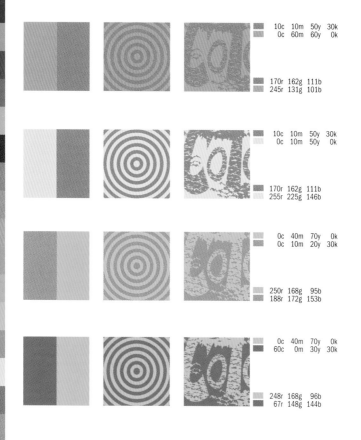

10c 10m 50y 30k
0c 60m 60y 0k

170r 162g 111b
245r 131g 101b

10c 10m 50y 30k
0c 10m 50y 0k

170r 162g 111b
255r 225g 146b

0c 40m 70y 0k
0c 10m 20y 30k

250r 168g 95b
188r 172g 153b

0c 40m 70y 0k
60c 0m 30y 30k

248r 168g 96b
67r 148g 144b

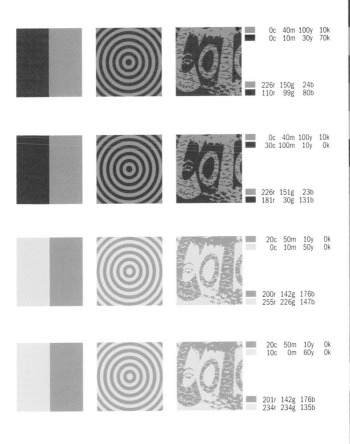

0c 40m 100y 10k
0c 10m   30y 70k

226r 150g 24b
110r   99g 80b

0c 40m 100y 10k
30c 100m 10y   0k

226r 151g 23b
181r   30g 131b

20c 50m 10y 0k
0c 10m 50y 0k

200r 142g 176b
255r 226g 147b

20c 50m 10y 0k
10c   0m 60y 0k

201r 142g 176b
234r 234g 135b

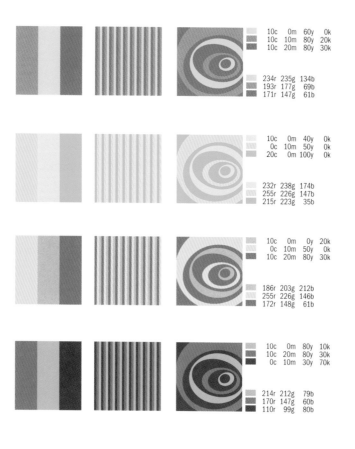

10c   0m   60y   0k
10c 10m   80y 20k
10c 20m   80y 30k

234r 235g 134b
193r 177g   69b
171r 147g   61b

10c   0m   40y   0k
0c 10m   50y   0k
20c   0m 100y   0k

232r 238g 174b
255r 226g 147b
215r 223g   35b

10c   0m   0y 20k
0c 10m   50y   0k
10c 20m   80y 30k

186r 203g 212b
255r 226g 146b
172r 148g   61b

10c   0m   80y 10k
10c 20m   80y 30k
0c 10m   30y 70k

214r 212g   79b
170r 147g   60b
110r   99g   80b

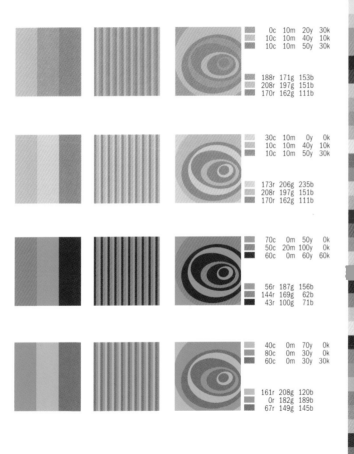

0c	10m	20y	30k
10c	10m	40y	10k
10c	10m	50y	30k

188r	171g	153b
208r	197g	151b
170r	162g	111b

30c	10m	0y	0k
10c	10m	40y	10k
10c	10m	50y	30k

173r	206g	235b
208r	197g	151b
170r	162g	111b

70c	0m	50y	0k
50c	20m	100y	0k
60c	0m	60y	60k

56r	187g	156b
144r	169g	62b
43r	100g	71b

40c	0m	70y	0k
80c	0m	30y	0k
60c	0m	30y	30k

161r	208g	120b
0r	182g	189b
67r	149g	145b

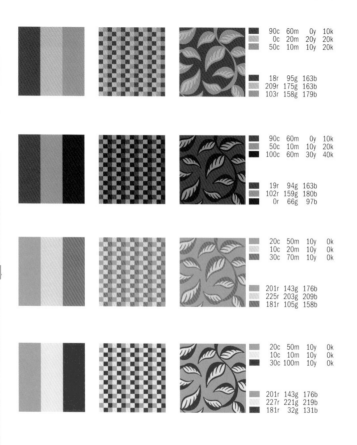

90c 60m   0y 10k
0c 20m 20y 20k
50c 10m 10y 20k

18r   95g 163b
209r 175g 163b
103r 158g 179b

90c 60m   0y 10k
50c 10m 10y 20k
100c 60m 30y 40k

19r   94g 163b
102r 159g 180b
0r   66g   97b

20c 50m 10y   0k
10c 20m 10y   0k
30c 70m 10y   0k

201r 143g 176b
225r 203g 209b
181r 105g 158b

20c 50m 10y   0k
10c 10m 10y   0k
30c 100m 10y   0k

201r 143g 176b
227r 221g 219b
181r   32g 131b

10c	50m	50y	0k
0c	30m	50y	0k
0c	60m	60y	0k

224r 145g 121b
252r 188g 134b
245r 131g 101b

10c	20m	100y	0k
0c	30m	60y	0k
0c	40m	100y	10k

233r 196g 29b
252r 187g 118b
226r 151g 23b

20c	80m	100y	10k
0c	50m	80y	0k
30c	90m	100y	20k

185r 79g 38b
246r 149g 72b
153r 53g 36b

20c	80m	100y	10k
10c	20m	100y	0k
30c	90m	100y	20k

184r 79g 39b
232r 195g 30b
153r 53g 35b

Progressive Naturals

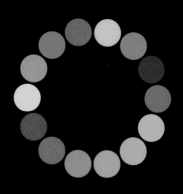

10c 20m 80y 30k
0c 70m 70y 10k

171r 147g 60b
220r 102g 75b

90c 60m 0y 10k
10c 10m 80y 20k

13r 95g 164b
192r 177g 70b

10c 20m 100y 0k
0c 50m 70y 0k

232r 195g 30b
247r 150g 91b

10c 10m 80y 20k
0c 30m 60y 0k

193r 177g 69b
251r 187g 118b

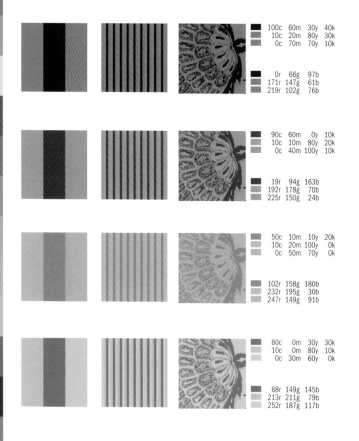

100c	60m	30y	40k
10c	20m	80y	30k
0c	70m	70y	10k

0r	66g	97b
171r	147g	61b
219r	102g	76b

90c	60m	0y	10k
10c	10m	80y	20k
0c	40m	100y	10k

19r	94g	163b
192r	178g	70b
225r	150g	24b

50c	10m	10y	20k
10c	20m	100y	0k
0c	50m	70y	0k

102r	158g	180b
232r	195g	30b
247r	149g	91b

60c	0m	30y	30k
10c	0m	80y	10k
0c	30m	60y	0k

68r	149g	145b
213r	211g	79b
252r	187g	117b

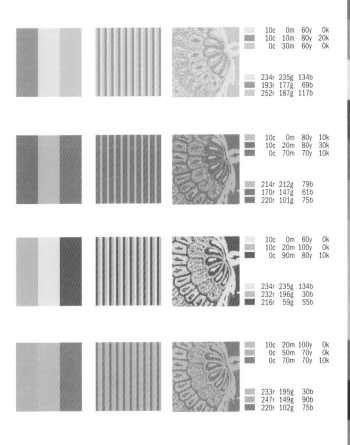

10c	0m	60y	0k
10c	10m	80y	20k
0c	30m	60y	0k

234r 235g 134b
193r 177g 69b
252r 187g 117b

10c	0m	80y	10k
10c	20m	80y	30k
0c	70m	70y	10k

214r 212g 79b
170r 147g 61b
220r 101g 75b

10c	0m	60y	0k
10c	20m	100y	0k
0c	90m	80y	10k

234r 235g 134b
232r 196g 30b
216r 59g 55b

10c	20m	100y	0k
0c	50m	70y	0k
0c	70m	70y	10k

233r 195g 30b
247r 149g 90b
220r 102g 75b

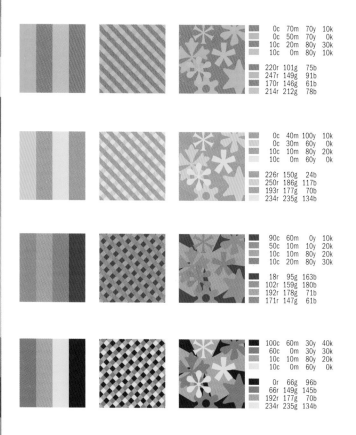

0c	70m	70y	10k
0c	50m	70y	0k
10c	20m	80y	30k
10c	0m	80y	10k

220r 101g 75b
247r 149g 91b
170r 146g 61b
214r 212g 78b

0c	40m	100y	10k
0c	30m	60y	0k
10c	10m	80y	20k
10c	0m	60y	0k

226r 150g 24b
250r 186g 117b
193r 177g 70b
234r 235g 134b

90c	60m	0y	10k
50c	10m	10y	20k
10c	10m	80y	20k
10c	20m	80y	30k

18r 95g 163b
102r 159g 180b
192r 178g 71b
171r 147g 61b

100c	60m	30y	40k
60c	0m	30y	30k
10c	10m	80y	20k
10c	0m	60y	0k

0r 66g 96b
66r 149g 145b
192r 177g 70b
234r 235g 134b

0c 70m 70y 10k
10c 20m 80y 30k
10c 10m 80y 20k
10c 20m 100y 0k

220r 102g 75b
170r 147g 61b
192r 177g 70b
232r 195g 30b

0c 40m 100y 10k
10c 20m 80y 30k
10c 0m 80y 10k
10c 0m 60y 0k

226r 151g 23b
170r 147g 61b
213r 211g 79b
234r 235g 134b

0c 50m 70y 0k
10c 10m 80y 20k
10c 20m 100y 0k
60c 0m 30y 30k

247r 149g 91b
192r 177g 70b
233r 195g 30b
67r 148g 144b

0c 90m 80y 10k
20c 30m 80y 30k
10c 20m 100y 0k
60c 0m 30y 30k

216r 59g 55b
154r 129g 61b
232r 195g 30b
67r 148g 145b

Color speaks through our eyes just as words do through our ears.

So what happens when we "speak" visual nonsense?

Could an unexpected application of color add strength to your message? Could an unusual hue draw attention to an image while enforcing an intriguing idea?

Consider using image-altering software such as Photoshop to add a color-bending twist to your photos and illustrations.

A hint: when adding color to an image in Photoshop, apply the color on a layer of its own. Then, set the layer's pull-down menu to "multiply," "soft light, or "overlay." These settings tend to allow the colors and textures of the underlying image to blend realistically with the colors being added.

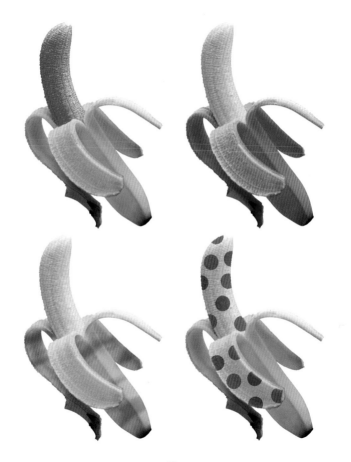

Urban Chic

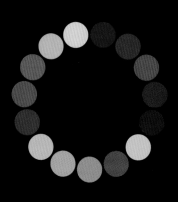

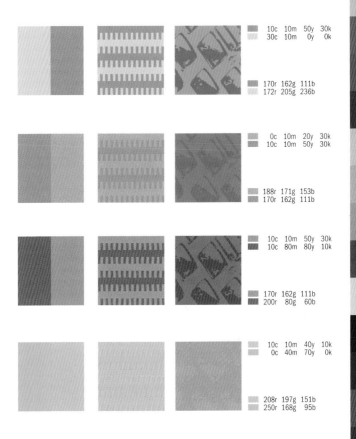

10c 10m 50y 30k
30c 10m   0y   0k

170r 162g 111b
172r 205g 236b

0c 10m 20y 30k
10c 10m 50y 30k

188r 171g 153b
170r 162g 111b

10c 10m 50y 30k
10c 80m 80y 10k

170r 162g 111b
200r 80g 60b

10c 10m 40y 10k
0c 40m 70y   0k

208r 197g 151b
250r 168g 95b

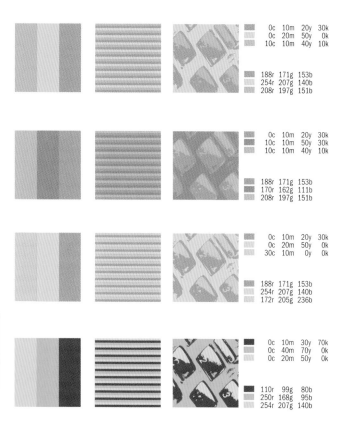

0c 10m 20y 30k
0c 20m 50y 0k
10c 10m 40y 10k

188r 171g 153b
254r 207g 140b
208r 197g 151b

0c 10m 20y 30k
10c 10m 50y 30k
10c 10m 40y 10k

188r 171g 153b
170r 162g 111b
208r 197g 151b

0c 10m 20y 30k
0c 20m 50y 0k
30c 10m 0y 0k

188r 171g 153b
254r 207g 140b
172r 205g 236b

0c 10m 30y 70k
0c 40m 70y 0k
0c 20m 50y 0k

110r 99g 80b
250r 168g 95b
254r 207g 140b

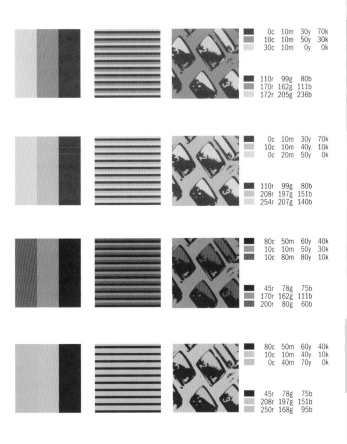

0c	10m	30y	70k
10c	10m	50y	30k
30c	10m	0y	0k

110r	99g	80b
170r	162g	111b
172r	205g	236b

0c	10m	30y	70k
10c	10m	40y	10k
0c	20m	50y	0k

110r	99g	80b
208r	197g	151b
254r	207g	140b

80c	50m	60y	40k
10c	10m	50y	30k
10c	80m	80y	10k

45r	78g	75b
170r	162g	111b
200r	80g	60b

80c	50m	60y	40k
10c	10m	40y	10k
0c	40m	70y	0k

45r	78g	75b
208r	197g	151b
250r	168g	95b

	0c	10m	20y	30k
	0c	10m	30y	70k
	10c	10m	40y	10k
	10c	10m	50y	30k

188r 171g 153b
110r 99g 80b
208r 197g 151b
170r 162g 111b

	0c	40m	70y	0k
	0c	20m	50y	0k
	10c	10m	40y	10k
	10c	10m	50y	30k

250r 168g 95b
255r 207g 140b
208r 197g 151b
170r 162g 111b

	30c	90m	100y	20k
	10c	80m	80y	10k
	10c	10m	40y	10k
	10c	10m	50y	30k

153r 54g 35b
200r 80g 60b
208r 197g 151b
170r 162g 111b

	0c	20m	50y	0k
	30c	10m	0y	0k
	0c	40m	70y	0k
	0c	10m	20y	30k

254r 207g 140b
172r 205g 236b
250r 168g 95b
188r 171g 153b

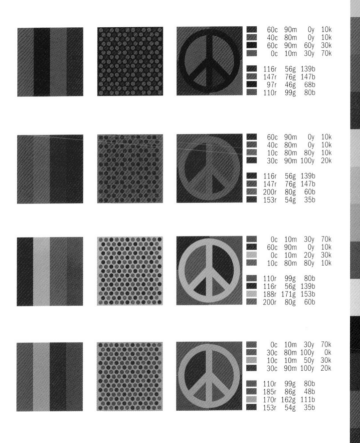

60c	90m	0y	10k
40c	80m	0y	10k
60c	90m	60y	30k
0c	10m	30y	70k

116r	56g	139b
147r	76g	147b
97r	46g	68b
110r	99g	80b

60c	90m	0y	10k
40c	80m	0y	10k
10c	80m	80y	10k
30c	90m	100y	20k

116r	56g	139b
147r	76g	147b
200r	80g	60b
153r	54g	35b

0c	10m	30y	70k
60c	90m	0y	10k
0c	10m	20y	30k
10c	80m	80y	10k

110r	99g	80b
116r	56g	139b
188r	171g	153b
200r	80g	60b

0c	10m	30y	70k
30c	80m	100y	0k
10c	10m	50y	30k
30c	90m	100y	20k

110r	99g	80b
185r	86g	48b
170r	162g	111b
153r	54g	35b

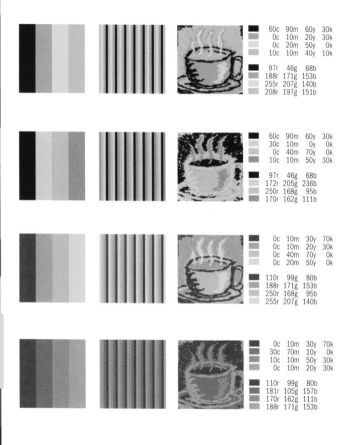

60c 90m 60y 30k
0c 10m 20y 30k
0c 20m 50y 0k
10c 10m 40y 10k

97r 46g 68b
188r 171g 153b
255r 207g 140b
208r 197g 151b

60c 90m 60y 30k
30c 10m 0y 0k
0c 40m 70y 0k
10c 10m 50y 30k

97r 46g 68b
172r 205g 236b
250r 168g 95b
170r 162g 111b

0c 10m 30y 70k
0c 10m 20y 30k
0c 40m 70y 0k
0c 20m 50y 0k

110r 99g 80b
188r 171g 153b
250r 168g 95b
255r 207g 140b

0c 10m 30y 70k
30c 70m 10y 0k
10c 10m 50y 30k
0c 10m 20y 30k

110r 99g 80b
181r 105g 157b
170r 162g 111b
188r 171g 153b

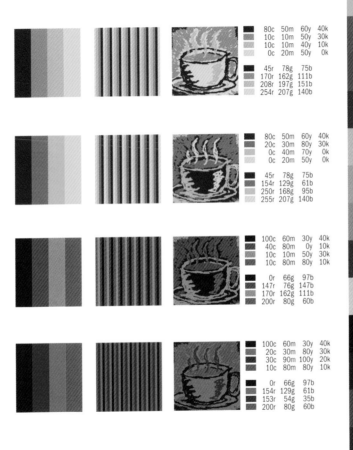

80c	50m	60y	40k
10c	10m	50y	30k
10c	10m	40y	10k
0c	20m	50y	0k

45r	78g	75b
170r	162g	111b
208r	197g	151b
254r	207g	140b

80c	50m	60y	40k
20c	30m	80y	30k
0c	40m	70y	0k
0c	20m	50y	0k

45r	78g	75b
154r	129g	61b
250r	168g	95b
255r	207g	140b

100c	60m	30y	40k
40c	80m	0y	10k
10c	10m	50y	30k
10c	80m	80y	10k

0r	66g	97b
147r	76g	147b
170r	162g	111b
200r	80g	60b

100c	60m	30y	40k
20c	30m	80y	30k
30c	90m	100y	20k
10c	80m	80y	10k

0r	66g	97b
154r	129g	61b
153r	54g	35b
200r	80g	60b

Fashion Inspired

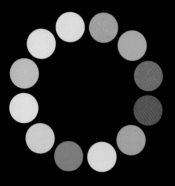

40c 0m 70y 0k
0c 50m 80y 0k

161r 208g 120b
247r 148g 72b

10c 20m 10y 0k
20c 0m 100y 0k

225r 203g 208b
215r 223g 35b

20c 0m 100y 0k
30c 0m 10y 0k

215r 223g 35b
174r 223g 228b

0c 60m 60y 0k
5c 0m 60y 0k

245r 132g 102b
246r 240g 134b

10c	0m	40y	0k
0c	10m	50y	0k
20c	0m	10y	0k

232r 238g 174b
255r 226g 146b
202r 232g 229b

5c	0m	60y	0k
10c	0m	40y	0k
30c	0m	10y	0k

246r 240g 134b
232r 238g 174b
174r 223g 228b

20c	0m	100y	0k
40c	0m	70y	0k
30c	0m	10y	0k

215r 223g 35b
161r 208g 120b
174r 233g 228b

80c	0m	30y	0k
0c	10m	50y	0k
5c	0m	60y	0k

0r 182g 189b
255r 226g 146b
246r 240g 134b

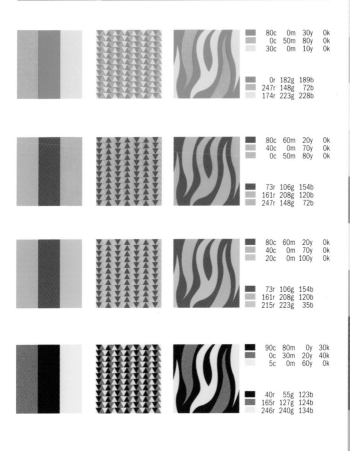

80c 0m 30y 0k
0c 50m 80y 0k
30c 0m 10y 0k

0r 182g 189b
247r 148g 72b
174r 223g 228b

80c 60m 20y 0k
40c 0m 70y 0k
0c 50m 80y 0k

73r 106g 154b
161r 208g 120b
247r 148g 72b

80c 60m 20y 0k
40c 0m 70y 0k
20c 0m 100y 0k

73r 106g 154b
161r 208g 120b
215r 223g 35b

90c 80m 0y 30k
0c 30m 20y 40k
5c 0m 60y 0k

40r 55g 123b
165r 127g 124b
246r 240g 134b

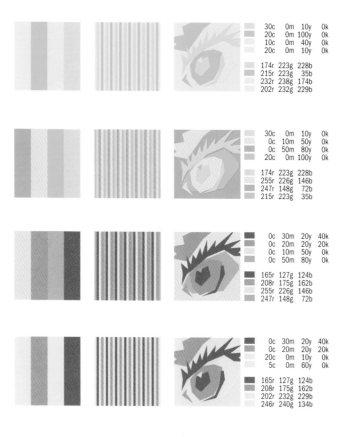

30c	0m	10y	0k
20c	0m	100y	0k
10c	0m	40y	0k
20c	0m	10y	0k

174r 223g 228b
215r 223g 35b
232r 238g 174b
202r 232g 229b

30c	0m	10y	0k
0c	10m	50y	0k
0c	50m	80y	0k
20c	0m	100y	0k

174r 223g 228b
255r 226g 146b
247r 148g 72b
215r 223g 35b

0c	30m	20y	40k
0c	20m	20y	20k
0c	10m	50y	0k
0c	50m	80y	0k

165r 127g 124b
208r 175g 162b
255r 226g 146b
247r 148g 72b

0c	30m	20y	40k
0c	20m	20y	20k
20c	0m	10y	0k
5c	0m	60y	0k

165r 127g 124b
208r 175g 162b
202r 232g 229b
246r 240g 134b

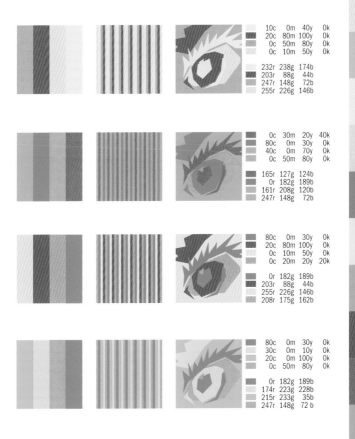

	10c	0m	40y	0k
	20c	80m	100y	0k
	0c	50m	80y	0k
	0c	10m	50y	0k

	232r	238g	174b
	203r	88g	44b
	247r	148g	72b
	255r	226g	146b

	0c	30m	20y	40k
	80c	0m	30y	0k
	40c	0m	70y	0k
	0c	50m	80y	0k

	165r	127g	124b
	0r	182g	189b
	161r	208g	120b
	247r	148g	72b

	80c	0m	30y	0k
	20c	80m	100y	0k
	0c	10m	50y	0k
	0c	20m	20y	20k

	0r	182g	189b
	203r	88g	44b
	255r	226g	146b
	208r	175g	162b

	80c	0m	30y	0k
	30c	0m	10y	0k
	20c	0m	100y	0k
	0c	50m	80y	0k

	0r	182g	189b
	174r	223g	228b
	215r	233g	35b
	247r	148g	72 b

Eclectic Mix

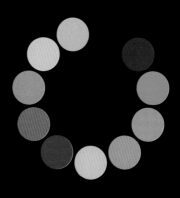

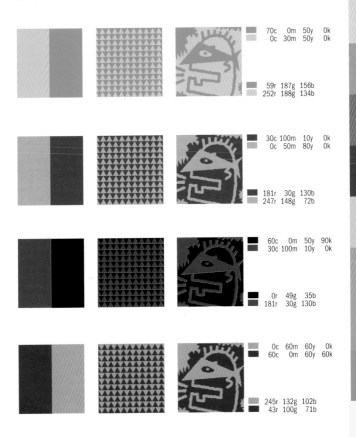

70c 0m 50y 0k
0c 30m 50y 0k

59r 187g 156b
252r 188g 134b

30c 100m 10y 0k
0c 50m 80y 0k

181r 30g 130b
247r 148g 72b

60c 0m 50y 90k
30c 100m 10y 0k

0r 49g 35b
181r 30g 130b

0c 60m 60y 0k
60c 0m 60y 60k

245r 132g 102b
43r 100g 71b

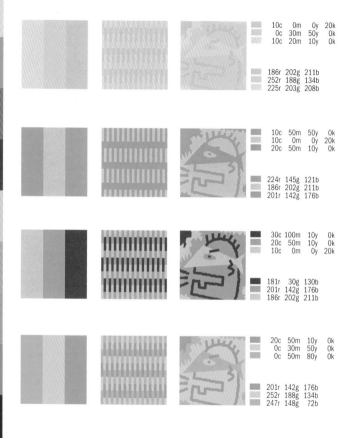

10c   0m   0y   20k
0c   30m   50y   0k
10c   20m   10y   0k

186r   202g   211b
252r   188g   134b
225r   203g   208b

10c   50m   50y   0k
10c   0m   0y   20k
20c   50m   10y   0k

224r   145g   121b
186r   202g   211b
201r   142g   176b

30c   100m   10y   0k
20c   50m   10y   0k
10c   0m   0y   20k

181r   30g   130b
201r   142g   176b
186r   202g   211b

20c   50m   10y   0k
0c   30m   50y   0k
0c   50m   80y   0k

201r   142g   176b
252r   188g   134b
247r   148g   72b

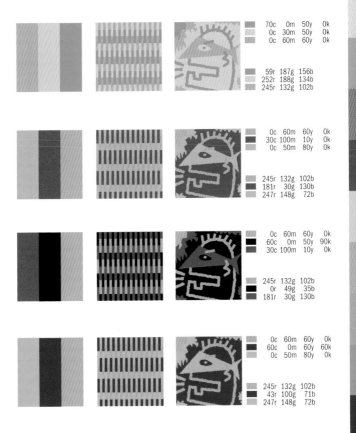

70c 0m 50y 0k
0c 30m 50y 0k
0c 60m 60y 0k

59r 187g 156b
252r 188g 134b
245r 132g 102b

0c 60m 60y 0k
30c 100m 10y 0k
0c 50m 80y 0k

245r 132g 102b
181r 30g 130b
247r 148g 72b

0c 60m 60y 0k
60c 0m 50y 90k
30c 100m 10y 0k

245r 132g 102b
0r 49g 35b
181r 30g 130b

0c 60m 60y 0k
60c 0m 60y 60k
0c 50m 80y 0k

245r 132g 102b
43r 100g 71b
247r 148g 72b

139

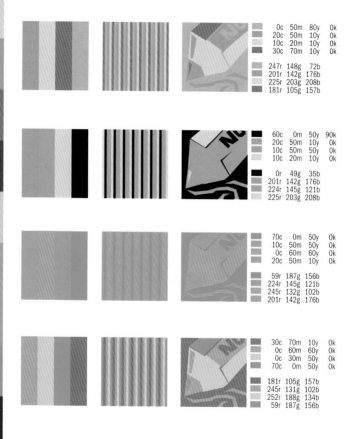

	0c	50m	80y	0k
	20c	50m	10y	0k
	10c	20m	10y	0k
	30c	70m	10y	0k

	247r	148g	72b
	201r	142g	176b
	225r	203g	208b
	181r	105g	157b

	60c	0m	50y	90k
	20c	50m	10y	0k
	10c	50m	50y	0k
	10c	20m	10y	0k

	0r	49g	35b
	201r	142g	176b
	224r	145g	121b
	225r	203g	208b

	70c	0m	50y	0k
	10c	50m	50y	0k
	0c	60m	60y	0k
	20c	50m	10y	0k

	59r	187g	156b
	224r	145g	121b
	245r	132g	102b
	201r	142g	176b

	30c	70m	10y	0k
	0c	60m	60y	0k
	0c	30m	50y	0k
	70c	0m	50y	0k

	181r	105g	157b
	245r	131g	102b
	252r	188g	134b
	59r	187g	156b

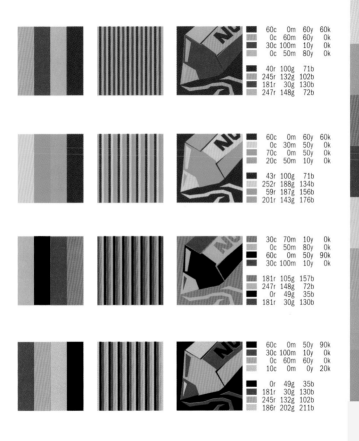

60c	0m	60y	60k
0c	60m	60y	0k
30c	100m	10y	0k
0c	50m	80y	0k

40r	100g	71b
245r	132g	102b
181r	30g	130b
247r	148g	72b

60c	0m	60y	60k
0c	30m	50y	0k
70c	0m	50y	0k
20c	50m	10y	0k

43r	100g	71b
252r	188g	134b
59r	187g	156b
201r	143g	176b

30c	70m	10y	0k
0c	50m	80y	0k
60c	0m	50y	90k
30c	100m	10y	0k

181r	105g	157b
247r	148g	72b
0r	49g	35b
181r	30g	130b

60c	0m	50y	90k
30c	100m	10y	0k
0c	60m	60y	0k
10c	0m	0y	20k

0r	49g	35b
181r	30g	130b
245r	132g	102b
186r	202g	211b

5: RICH

Hues of royalty, tradition, history and wealth are the focus of this chapter: colors and palettes that have appeared and re-appeared across time in places of affluence and honor (as well as in places that aspire to project the essence of these attributes).

Violets and deep blues are often combined with full shades of green, gold, and burgundy to convey a sense of richness. Strong grays and naturals are also seen in sumptuous traditional tapestries, decorations and works of art—often in the role of supporting full-hued primary and secondary colors.

You will notice that value contrasts are limited in many of this chapter's palettes. Restraining the contrast in palettes of rich colors is an effective way of keeping a lid on excitement and pep.

Brainstorming Rich Color Schemes:

Investigate images of royalty, wealth and affluent society. Take a look at advertisements for wine, luxury cars, fine home furnishings and formal wear.

Look through reference books and websites and note the colors used in traditional tapestries, furnishings and clothing.

Connotations of affluence are sometimes delivered through complex palettes of deep-hued colors and neutral tones; sometimes they are conveyed through bright and minimalist applications of color (especially when it comes to modern expressions of wealth).

What, besides color, can enforce your layout's message of richness? Ornamentation? Elegant typography? A luxuriously patterned backdrop?

To access the downloadable digital swatches for the palettes in *Color Index, Revised Edition*, visit **www.mydesignshop.com/swatches**.

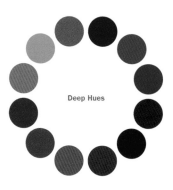

Deep Hues

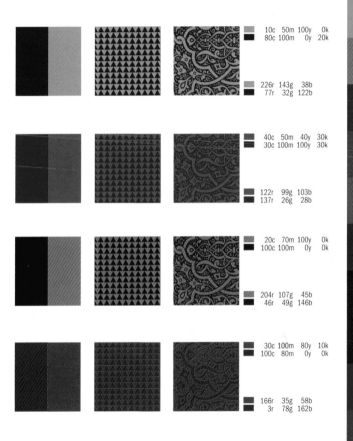

10c 50m 100y 0k
80c 100m 0y 20k

226r 143g 38b
77r 32g 122b

40c 50m 40y 30k
30c 100m 100y 30k

122r 99g 103b
137r 26g 28b

20c 70m 100y 0k
100c 100m 0y 0k

204r 107g 45b
46r 49g 146b

30c 100m 80y 10k
100c 80m 0y 0k

166r 35g 58b
3r 78g 162b

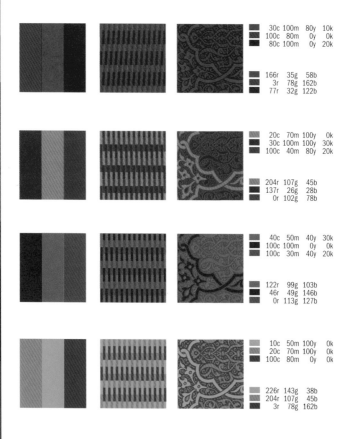

30c	100m	80y	10k
100c	80m	0y	0k
80c	100m	0y	20k

166r 35g 58b
3r 78g 162b
77r 32g 122b

20c 70m 100y 0k
30c 100m 100y 30k
100c 40m 80y 20k

204r 107g 45b
137r 26g 28b
0r 102g 78b

40c 50m 40y 30k
100c 100m 0y 0k
100c 30m 40y 20k

122r 99g 103b
46r 49g 146b
0r 113g 127b

10c 50m 100y 0k
20c 70m 100y 0k
100c 80m 0y 0k

226r 143g 38b
204r 107g 45b
3r 78g 162b

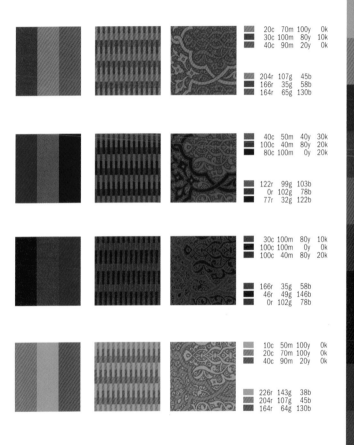

20c 70m 100y 0k
30c 100m 80y 10k
40c 90m 20y 0k

204r 107g 45b
166r 35g 58b
164r 65g 130b

40c 50m 40y 30k
100c 40m 80y 20k
80c 100m 0y 20k

122r 99g 103b
0r 102g 78b
77r 32g 122b

30c 100m 80y 10k
100c 100m 0y 0k
100c 40m 80y 20k

166r 35g 58b
46r 49g 146b
0r 102g 78b

10c 50m 100y 0k
20c 70m 100y 0k
40c 90m 20y 0k

226r 143g 38b
204r 107g 45b
164r 64g 130b

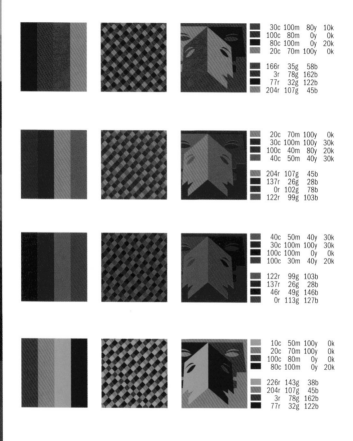

30c 100m 80y 10k
100c 80m 0y 0k
80c 100m 0y 20k
20c 70m 100y 0k

166r 35g 58b
3r 78g 162b
77r 32g 122b
204r 107g 45b

20c 70m 100y 0k
30c 100m 100y 30k
100c 40m 80y 20k
40c 50m 40y 30k

204r 107g 45b
137r 26g 28b
0r 102g 78b
122r 99g 103b

40c 50m 40y 30k
30c 100m 100y 30k
100c 100m 0y 0k
100c 30m 40y 20k

122r 99g 103b
137r 26g 28b
46r 49g 146b
0r 113g 127b

10c 50m 100y 0k
20c 70m 100y 0k
100c 80m 0y 0k
80c 100m 0y 20k

226r 143g 38b
204r 107g 45b
3r 78g 162b
77r 32g 122b

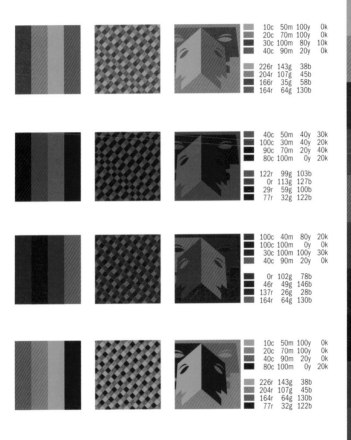

10c 50m 100y 0k
20c 70m 100y 0k
30c 100m 80y 10k
40c 90m 20y 0k

226r 143g 38b
204r 107g 45b
166r 35g 58b
164r 64g 130b

40c 50m 40y 30k
100c 30m 40y 20k
90c 70m 20y 40k
80c 100m 0y 20k

122r 99g 103b
0r 113g 127b
29r 59g 100b
77r 32g 122b

100c 40m 80y 20k
100c 100m 0y 0k
30c 100m 100y 30k
40c 90m 20y 0k

0r 102g 78b
46r 49g 146b
137r 26g 28b
164r 64g 130b

10c 50m 100y 0k
20c 70m 100y 0k
40c 90m 20y 0k
80c 100m 0y 20k

226r 143g 38b
204r 107g 45b
164r 64g 130b
77r 32g 122b

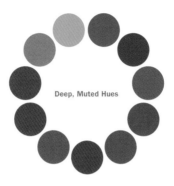

Deep, Muted Hues

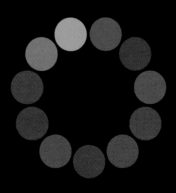

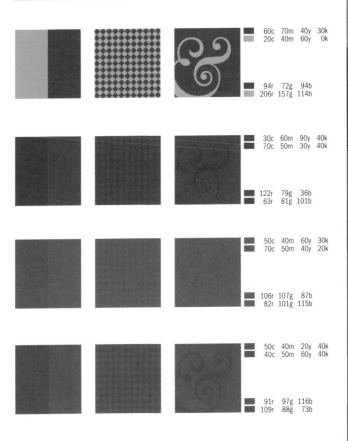

60c 70m 40y 30k
20c 40m 60y 0k

94r 72g 94b
206r 157g 114b

30c 60m 90y 40k
70c 50m 30y 40k

122r 79g 36b
63r 81g 101b

50c 40m 60y 30k
70c 50m 40y 20k

106r 107g 87b
82r 101g 115b

50c 40m 20y 40k
40c 50m 60y 40k

91r 97g 116b
109r 88g 73b

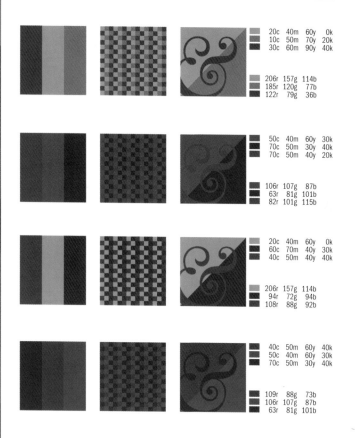

20c	40m	60y	0k
10c	50m	70y	20k
30c	60m	90y	40k

206r	157g	114b
185r	120g	77b
122r	79g	36b

50c	40m	60y	30k
70c	50m	30y	40k
70c	50m	40y	20k

106r	107g	87b
63r	81g	101b
82r	101g	115b

20c	40m	60y	0k
60c	70m	40y	30k
40c	50m	40y	40k

206r	157g	114b
94r	72g	94b
108r	88g	92b

40c	50m	60y	40k
50c	40m	60y	30k
70c	50m	30y	40k

109r	88g	73b
106r	107g	87b
63r	81g	101b

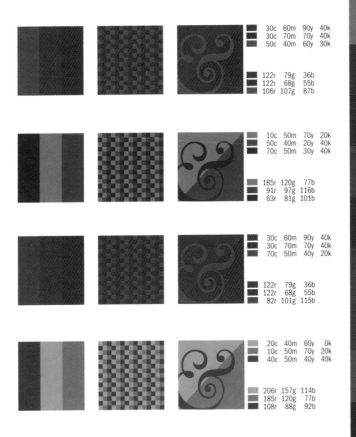

30c	60m	90y	40k
30c	70m	70y	40k
50c	40m	60y	30k

122r	79g	36b
122r	68g	55b
106r	107g	87b

10c	50m	70y	20k
50c	40m	40y	40k
70c	50m	30y	40k

185r	120g	77b
91r	97g	116b
63r	81g	101b

30c	60m	90y	40k
30c	70m	70y	40k
70c	50m	40y	20k

122r	79g	36b
122r	68g	55b
82r	101g	115b

20c	40m	60y	0k
10c	50m	70y	20k
40c	50m	40y	40k

206r	157g	114b
185r	120g	77b
108r	88g	92b

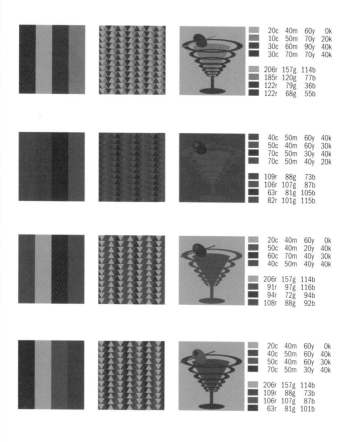

20c 40m 60y 0k
10c 50m 70y 20k
30c 60m 90y 40k
30c 70m 70y 40k

206r 157g 114b
185r 120g 77b
122r 79g 36b
122r 68g 55b

40c 50m 60y 40k
50c 40m 60y 30k
70c 50m 30y 40k
70c 50m 40y 20k

109r 88g 73b
106r 107g 87b
63r 81g 105b
82r 101g 115b

20c 40m 60y 0k
50c 40m 20y 40k
60c 70m 40y 30k
40c 50m 40y 40k

206r 157g 114b
91r 97g 116b
94r 72g 94b
108r 88g 92b

20c 40m 60y 0k
40c 50m 60y 40k
50c 40m 60y 30k
70c 50m 30y 40k

206r 157g 114b
109r 88g 73b
106r 107g 87b
63r 81g 101b

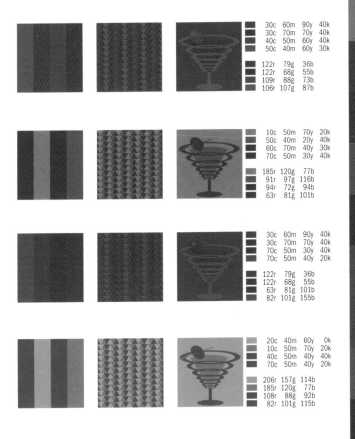

30c	60m	90y	40k
30c	70m	70y	40k
40c	50m	60y	40k
50c	40m	60y	30k

122r	79g	36b
122r	68g	55b
109r	88g	73b
106r	107g	87b

10c	50m	70y	20k
50c	40m	20y	40k
60c	70m	40y	30k
70c	50m	30y	40k

185r	120g	77b
91r	97g	116b
94r	72g	94b
63r	81g	101b

30c	60m	90y	40k
30c	70m	70y	40k
70c	50m	30y	40k
70c	50m	40y	20k

122r	79g	36b
122r	68g	55b
63r	81g	101b
82r	101g	155b

20c	40m	60y	0k
10c	50m	70y	20k
40c	50m	40y	40k
70c	50m	40y	20k

206r	157g	114b
185r	120g	77b
108r	88g	92b
82r	101g	115b

Designing a layout around an existing photo or illustration?

Here are some suggestions for finding a palette that will harmoniously complement an image.

Start by locating potentially useful hues within your photo or illustration. Use a tool like Photoshop's eyedropper to sample the colors. Then, using the pencil tool, apply a dab of each of these colors to a fresh document. This new document can be used as a palette from which the colors can be conveniently sampled later on.

Experiment with different ways of applying these colors to your design (opposite page).

Which colors best emphasize the overall message? Should the colors be darkened, lightened, simplified or otherwise adjusted before applying them?

Here, the rider's helmet and jersey provide hues for the typography that has been added to the original image. The colors in the type make visual sense since they also appear in the photo.

Sometimes a color that appears in tiny portions of an image can be effectively brought to prominence in other areas of the design. In the sample above, a blue that only appears in the rider's gloves is applied generously to the layout's backdrop. The red of the jersey and the helmet's yellow are also echoed in the design.

In this version, a yellow borrowed from the rider's helmet provides a powerful backdrop for the entire layout. Notice how the blue type is used to keep the helmet's edge from disappearing into the background.

Historical Combinations

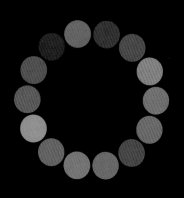

40c 30m 50y 30k
60c 20m 40y 10k

121r 122g 102b
99r 152g 145b

60c 20m 40y 20k
30c 70m 40y 0k

90r 140g 133b
183r 105g 123b

10c 80m 80y 10k
20c 40m 80y 0k

200r 80g 60b
207r 156g 81b

70c 70m 10y 0k
10c 70m 80y 10k

103r 96g 157b
201r 99g 62b

70c	70m	60y	40k
40c	90m	80y	20k
70r	62g	68b	
138r	54g	56b	
40c	90m	40y	0k
30c	90m	100y	0k
165r	65g	111b	
184r	67g	48b	
60c	20m	40y	10k
20c	60m	40y	10k
99r	152g	145b	
184r	113g	118b	
10c	80m	80y	10k
40c	90m	80y	20k
200r	80g	60b	
138r	54g	56b	

40c 90m 40y   0k
30c 70m 40y   0k
40c 90m 80y 20k

165r   65g 111b
183r 105g 123b
138r   54g   56b

10c 80m 80y 10k
60c 20m 40y 10k
60c 20m 40y 20k

200r   80g   60b
99r 152g 145b
90r 140g 133b

40c 30m 50y 30k
70c 70m 60y 40k
60c 20m 40y 20k

121r 122g 102b
70r   62g   68b
90r 140g 133b

10c 70m   80y 10k
30c 90m 100y   0k
40c 90m   80y 20k

201r   99g   62b
184r   67g   48b
138r   54g   56b

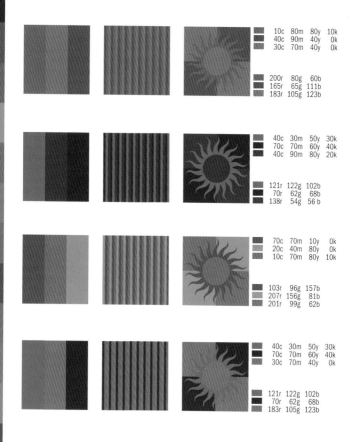

10c 80m 80y 10k
40c 90m 40y 0k
30c 70m 40y 0k

200r 80g 60b
165r 65g 111b
183r 105g 123b

40c 30m 50y 30k
70c 70m 60y 40k
40c 90m 80y 20k

121r 122g 102b
70r 62g 68b
138r 54g 56 b

70c 70m 10y 0k
20c 40m 80y 0k
10c 70m 80y 10k

103r 96g 157b
207r 156g 81b
201r 99g 62b

40c 30m 50y 30k
70c 70m 60y 40k
30c 70m 40y 0k

121r 122g 102b
70r 62g 68b
183r 105g 123b

70c 70m 60y 40k
10c 80m 80y 10k
40c 90m 80y 20k

70r 62g 68b
200r 80g 60b
138r 54g 56b

10c 80m 80y 10k
30c 90m 100y 0k
40c 90m 80y 20k

200r 80g 60b
184r 67g 48b
138r 54g 56b

60c 20m 40y 20k
20c 60m 40y 10k
10c 70m 40y 0k

90r 140g 133b
184r 113g 118b
221r 110g 122b

70c 70m 10y 0k
40c 90m 40y 0k
20c 60m 40y 10k

103r 96g 157b
165r 65g 111b
184r 113g 118b

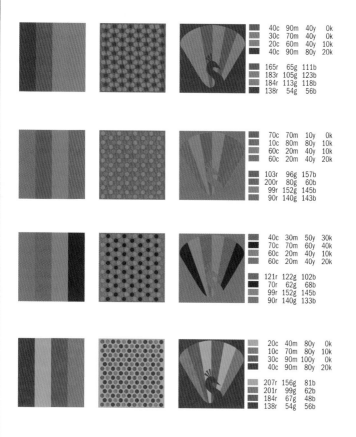

40c	90m	40y	0k
30c	70m	40y	0k
20c	60m	40y	10k
40c	90m	80y	20k

165r	65g	111b
183r	105g	123b
184r	113g	118b
138r	54g	56b

70c	70m	10y	0k
10c	80m	80y	10k
60c	20m	40y	10k
60c	20m	40y	20k

103r	96g	157b
200r	80g	60b
99r	152g	145b
90r	140g	143b

40c	30m	50y	30k
70c	70m	60y	40k
60c	20m	40y	10k
60c	20m	40y	20k

121r	122g	102b
70r	62g	68b
99r	152g	145b
90r	140g	133b

20c	40m	80y	0k
10c	70m	80y	10k
30c	90m	100y	0k
40c	90m	80y	20k

207r	156g	81b
201r	99g	62b
184r	67g	48b
138r	54g	56b

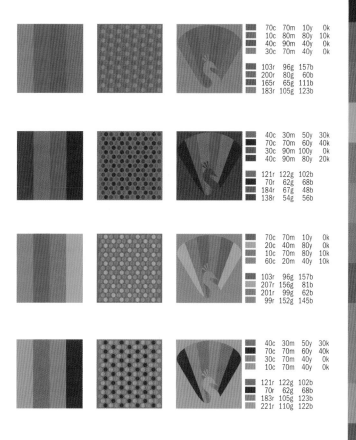

70c	70m	10y	0k
10c	80m	80y	10k
40c	90m	40y	0k
30c	70m	40y	0k

103r 96g 157b
200r 80g 60b
165r 65g 111b
183r 105g 123b

40c	30m	50y	30k
70c	70m	60y	40k
30c	90m	100y	0k
40c	90m	80y	20k

121r 122g 102b
70r 62g 68b
184r 67g 48b
138r 54g 56b

70c	70m	10y	0k
20c	40m	80y	0k
10c	70m	80y	10k
60c	20m	40y	10k

103r 96g 157b
207r 156g 81b
201r 99g 62b
99r 152g 145b

40c	30m	50y	30k
70c	70m	60y	40k
30c	70m	40y	0k
10c	70m	40y	0k

121r 122g 102b
70r 62g 68b
183r 105g 123b
221r 110g 122b

165

Slightly Muted,
Rich Hues

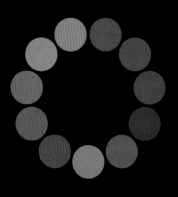

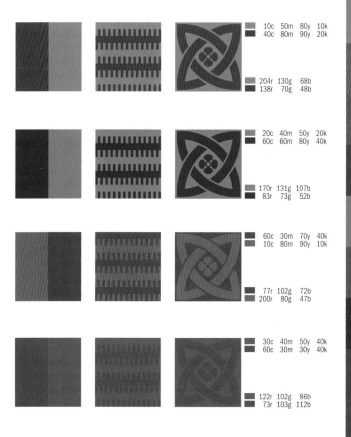

10c	50m	80y	10k
40c	80m	90y	20k

204r	130g	68b
138r	70g	48b

20c	40m	50y	20k
60c	60m	80y	40k

170r	131g	107b
83r	73g	52b

60c	30m	70y	40k
10c	80m	90y	10k

77r	102g	72b
200r	80g	47b

30c	40m	50y	40k
60c	30m	30y	40k

122r	102g	86b
73r	103g	112b

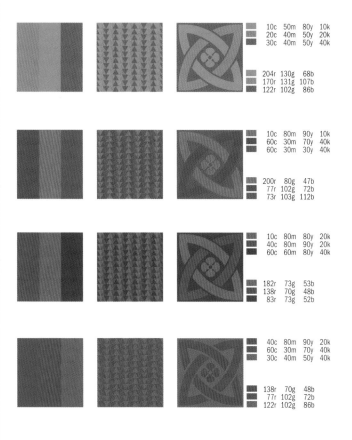

10c 50m 80y 10k
20c 40m 50y 20k
30c 40m 50y 40k

204r 130g 68b
170r 131g 107b
122r 102g 86b

10c 80m 90y 10k
60c 30m 70y 40k
60c 30m 30y 40k

200r 80g 47b
77r 102g 72b
73r 103g 112b

10c 80m 80y 20k
40c 80m 90y 20k
60c 60m 80y 40k

182r 73g 53b
138r 70g 48b
83r 73g 52b

40c 80m 90y 20k
60c 30m 70y 40k
30c 40m 50y 40k

138r 70g 48b
77r 102g 72b
122r 102g 86b

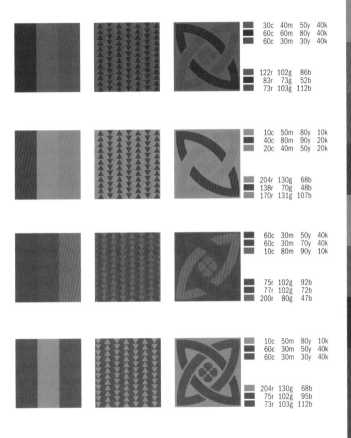

30c 40m 50y 40k
60c 60m 80y 40k
60c 30m 30y 40k

122r 102g 86b
83r 73g 52b
73r 103g 112b

10c 50m 80y 10k
40c 80m 90y 20k
20c 40m 50y 20k

204r 130g 68b
138r 70g 48b
170r 131g 107b

60c 30m 50y 40k
60c 30m 70y 40k
10c 80m 90y 10k

75r 102g 92b
77r 102g 72b
200r 80g 47b

10c 50m 80y 10k
60c 30m 50y 40k
60c 30m 30y 40k

204r 130g 68b
75r 102g 95b
73r 103g 112b

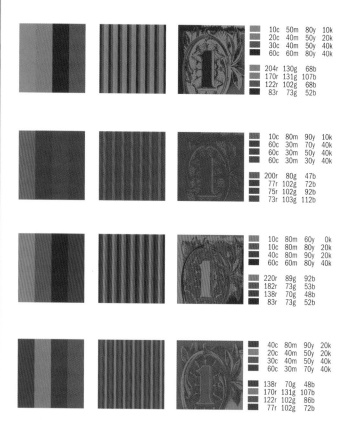

10c	50m	80y	10k
20c	40m	50y	20k
30c	40m	50y	40k
60c	60m	80y	40k

204r	130g	68b
170r	131g	107b
122r	102g	68b
83r	73g	52b

10c	80m	90y	10k
60c	30m	70y	40k
60c	30m	50y	40k
60c	30m	30y	40k

200r	80g	47b
77r	102g	72b
75r	102g	92b
73r	103g	112b

10c	80m	60y	0k
10c	80m	80y	20k
40c	80m	90y	20k
60c	60m	80y	40k

220r	89g	92b
182r	73g	53b
138r	70g	48b
83r	73g	52b

40c	80m	90y	20k
20c	40m	50y	20k
30c	40m	50y	40k
60c	30m	70y	40k

138r	70g	48b
170r	131g	107b
122r	102g	86b
77r	102g	72b

30c	40m	50y	40k
60c	60m	80y	40k
60c	30m	50y	40k
60c	30m	30y	40k

122r	102g	86b
83r	73g	52b
75r	102g	92b
73r	103g	112b

10c	50m	80y	10k
10c	80m	80y	20k
40c	80m	90y	20k
20c	40m	50y	20k

204r	130g	68b
182r	73g	53b
138r	70g	48b
170r	131g	107b

20c	40m	50y	20k
30c	40m	50y	40k
60c	60m	80y	40k
60c	30m	30y	40k

170r	131g	107b
122r	102g	86b
83r	73g	52b
73r	103g	112b

10c	50m	80y	10k
10c	80m	90y	10k
60c	60m	80y	40k
60c	30m	70y	40k

204r	130g	68b
200r	80g	47b
83r	73g	52b
77r	102g	72b

6: MUTED

Hues of royalty, tradition, history and wealth are the focus of this chapter: colors and palettes that have appeared and re-appeared across time in places of affluence and honor—as well as in places that aspire to project the essence of these attributes.

Violets and deep blues are often combined with full shades of green, gold, and burgundy to convey a sense of richness. Strong grays and naturals are also seen in sumptuous traditional tapestries, decorations and works of art—often in the role of supporting full-hued primary and secondary colors.

You will notice that value contrasts are limited in many of this chapter's palettes. Restraining the contrast in palettes of rich colors is an effective way of keeping a lid on conveyances of excitement and pep.

Brainstorming Muted Hues:

Would a palette of restrained colors suit your project? If so, how much should you mute your hues? A lot? A little? Somewhere in between?

Keep mind, muting is relative. A group of moderately muted hues might not appear muted at all unless they appear side-by-side with an unmuted hue.

Consider combining a set of muted colors. Also think about creating a palette that combines muted and intense hues. (See chapter 9, Accent, *pages 274–299).*

How about using a muted palette to color a backdrop that contrasts nicely with a bright-hued photograph or illustration?

Hues can be muted toward cool gray (a gray that tends toward blue, blue-green or violet) or warm gray (a gray that contains hints of yellow, orange, red or brown).

To access the downloadable digital swatches for the palettes in *Color Index, Revised Edition*, visit **www.mydesignshop.com/swatches**.

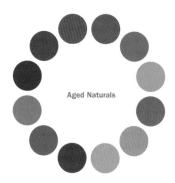

Aged Naturals

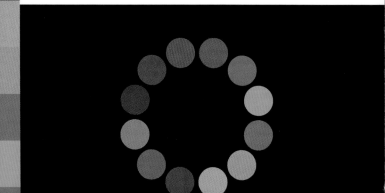

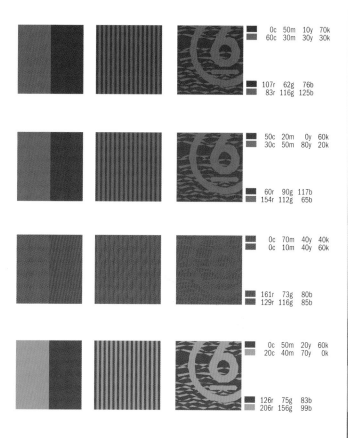

0c   50m   10y   70k
60c   30m   30y   30k

107r   62g   76b
83r   116g   125b

50c   20m   0y   60k
30c   50m   80y   20k

60r   90g   117b
154r   112g   65b

0c   70m   40y   40k
0c   10m   40y   60k

161r   73g   80b
129r   116g   85b

0c   50m   20y   60k
20c   40m   70y   0k

126r   75g   83b
206r   156g   99b

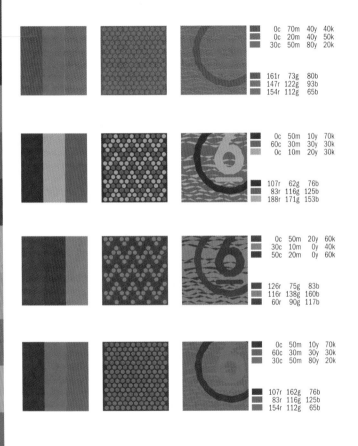

0c	70m	40y	40k
0c	20m	40y	50k
30c	50m	80y	20k

161r 73g 80b
147r 122g 93b
154r 112g 65b

0c	50m	10y	70k
60c	30m	30y	30k
0c	10m	20y	30k

107r 62g 76b
83r 116g 125b
188r 171g 153b

0c	50m	20y	60k
30c	10m	0y	40k
50c	20m	0y	60k

126r 75g 83b
116r 138g 160b
60r 90g 117b

0c	50m	10y	70k
60c	30m	30y	30k
30c	50m	80y	20k

107r 162g 76b
83r 116g 125b
154r 112g 65b

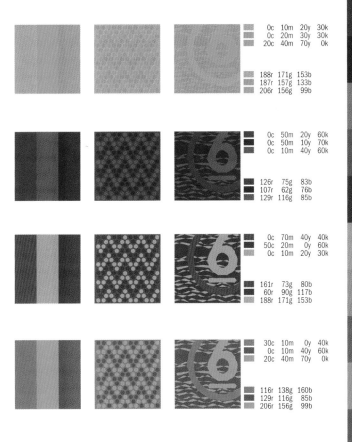

0c	10m	20y	30k
0c	20m	30y	30k
20c	40m	70y	0k

188r	171g	153b
187r	157g	133b
206r	156g	99b

0c	50m	20y	60k
0c	50m	10y	70k
0c	10m	40y	60k

126r	75g	83b
107r	62g	76b
129r	116g	85b

0c	70m	40y	40k
50c	20m	0y	60k
0c	10m	20y	30k

161r	73g	80b
60r	90g	117b
188r	171g	153b

30c	10m	0y	40k
0c	10m	40y	60k
20c	40m	70y	0k

116r	138g	160b
129r	116g	85b
206r	156g	99b

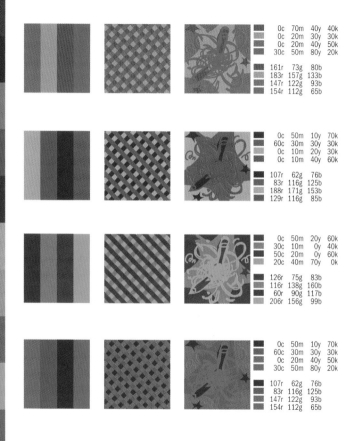

0c 70m 40y 40k
0c 20m 30y 30k
0c 20m 40y 50k
30c 50m 80y 20k

161r 73g 80b
183r 157g 133b
147r 122g 93b
154r 112g 65b

0c 50m 10y 70k
60c 30m 30y 30k
0c 10m 20y 30k
0c 10m 40y 60k

107r 62g 76b
83r 116g 125b
188r 171g 153b
129r 116g 85b

0c 50m 20y 60k
30c 10m 0y 40k
50c 20m 0y 60k
20c 40m 70y 0k

126r 75g 83b
116r 138g 160b
60r 90g 117b
206r 156g 99b

0c 50m 10y 70k
60c 30m 30y 30k
0c 20m 40y 50k
30c 50m 80y 20k

107r 62g 76b
83r 116g 125b
147r 122g 93b
154r 112g 65b

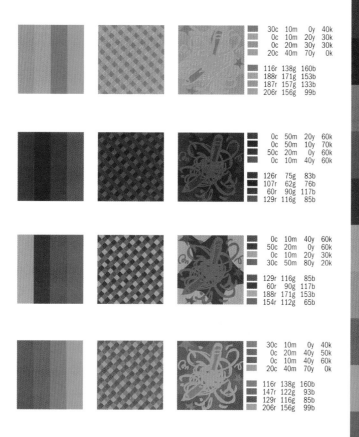

30c 10m 0y 40k
0c 10m 20y 30k
0c 20m 30y 30k
20c 40m 70y 0k

116r 138g 160b
188r 171g 153b
187r 157g 133b
206r 156g 99b

0c 50m 20y 60k
0c 50m 10y 70k
50c 20m 0y 60k
0c 10m 40y 60k

126r 75g 83b
107r 62g 76b
60r 90g 117b
129r 116g 85b

0c 10m 40y 60k
50c 20m 0y 60k
0c 10m 20y 30k
30c 50m 80y 20k

129r 116g 85b
60r 90g 117b
188r 171g 153b
154r 112g 65b

30c 10m 0y 40k
0c 20m 40y 50k
0c 10m 40y 60k
20c 40m 70y 0k

116r 138g 160b
147r 122g 93b
129r 116g 85b
206r 156g 99b

De-intensified
Urban Hues

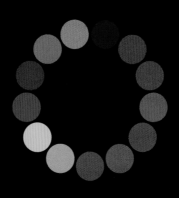

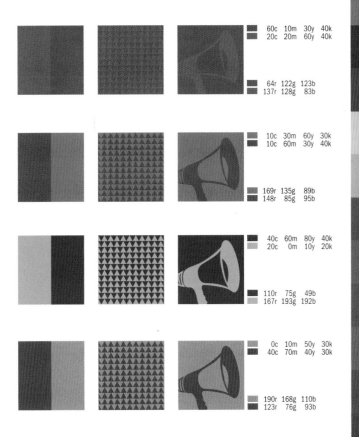

60c 10m 30y 40k
20c 20m 60y 40k

64r 122g 123b
137r 128g 83b

10c 30m 60y 30k
10c 60m 30y 40k

169r 135g 89b
148r 85g 95b

40c 60m 80y 40k
20c 0m 10y 20k

110r 75g 49b
167r 193g 192b

0c 10m 50y 30k
40c 70m 40y 30k

190r 168g 110b
123r 76g 93b

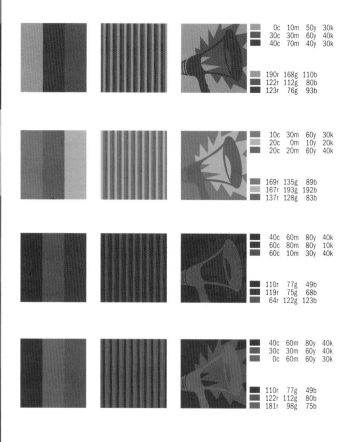

0c 10m 50y 30k
30c 30m 60y 40k
40c 70m 40y 30k

190r 168g 110b
122r 112g 80b
123r 76g 93b

10c 30m 60y 30k
20c 0m 10y 20k
20c 20m 60y 40k

169r 135g 89b
167r 193g 192b
137r 128g 83b

40c 60m 80y 40k
60c 80m 80y 10k
60c 10m 30y 40k

110r 77g 49b
119r 75g 68b
64r 122g 123b

40c 60m 80y 40k
30c 30m 60y 40k
0c 60m 60y 30k

110r 77g 49b
122r 112g 80b
181r 98g 75b

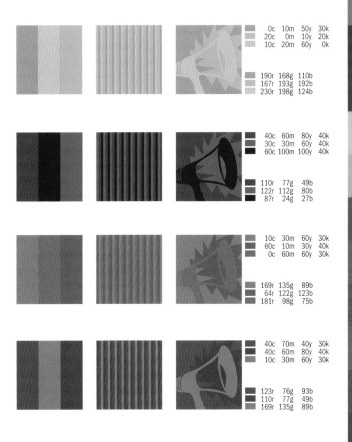

0c 10m 50y 30k
20c 0m 10y 20k
10c 20m 60y 0k

190r 168g 110b
167r 193g 192b
230r 198g 124b

40c 60m 80y 40k
30c 30m 60y 40k
60c 100m 100y 40k

110r 77g 49b
122r 112g 80b
87r 24g 27b

10c 30m 60y 30k
60c 10m 30y 40k
0c 60m 60y 30k

169r 135g 89b
64r 122g 123b
181r 98g 75b

40c 70m 40y 30k
40c 60m 80y 40k
10c 30m 60y 30k

123r 76g 93b
110r 77g 49b
169r 135g 89b

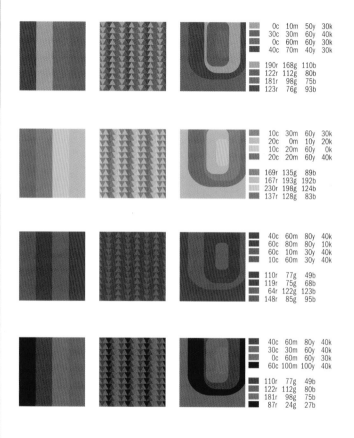

0c	10m	50y	30k
30c	30m	60y	40k
0c	60m	60y	30k
40c	70m	40y	20k

190r 168g 110b
122r 112g 80b
181r 98g 75b
123r 76g 93b

10c	30m	60y	30k
20c	0m	10y	20k
10c	20m	60y	0k
20c	20m	60y	40k

169r 135g 89b
167r 193g 192b
230r 198g 124b
137r 128g 83b

40c	60m	80y	40k
60c	80m	80y	10k
60c	10m	30y	40k
10c	60m	30y	40k

110r 77g 49b
119r 75g 68b
64r 122g 123b
148r 85g 95b

40c	60m	80y	40k
30c	30m	60y	40k
0c	60m	60y	30k
60c	100m	100y	40k

110r 77g 49b
122r 112g 80b
181r 98g 75b
87r 24g 27b

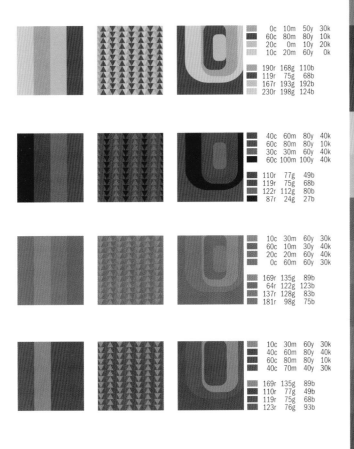

0c 10m 50y 30k
60c 80m 80y 10k
20c 0m 10y 20k
10c 20m 60y 0k

190r 168g 110b
119r 75g 68b
167r 193g 192b
230r 198g 124b

40c 60m 80y 40k
60c 80m 80y 10k
30c 30m 60y 40k
60c 100m 100y 40k

110r 77g 49b
119r 75g 68b
122r 112g 80b
87r 24g 27b

10c 30m 60y 30k
60c 10m 30y 40k
20c 20m 60y 40k
0c 60m 60y 30k

169r 135g 89b
64r 122g 123b
137r 128g 83b
181r 98g 75b

10c 30m 60y 30k
40c 60m 80y 40k
60c 80m 80y 10k
40c 70m 40y 30k

169r 135g 89b
110r 77g 49b
119r 75g 68b
123r 76g 93b

	90c	80m	0y	0k
	20c	100m	0y	0k
	0c	80m	60y	0k
	0c	0m	30y	0k

	71r	60g	144b
	195r	0g	125b
	232r	86g	84b
	255r	251g	199b

Muting the intensity of a palette's colors can add a sense of calmness or sophistication to a design or image.

Contemporary illustrations and layouts often feature palettes that have been muted to a significant degree.

The illustration at left has been colored using a bright palette of relatively intense hues.

The colors used in the samples on the opposite page are muted versions of the original hues.

When should you mute a palette's hues, and how much should you mute them? It all depends on the effect you're after and the audience you are trying to reach with your photo, illustration or design. Refine your ability to effectively answer aesthetic questions such as these by keeping an eye on current trends in advertising and design.

70c	70m	30y	0k
20c	60m	10y	0k
10c	60m	70y	0k
10c	0m	30y	0k

109r	86g	127b
206r	127g	162b
220r	131g	83b
235r	242g	198b

60c	70m	40y	10k
10c	40m	20y	0k
10c	60m	70y	10k
10c	10m	30y	0k

117r	83g	107b
229r	172g	173b
203r	120g	76b
234r	225g	189b

40c	50m	40y	20k
10c	30m	20y	10k
20c	50m	60y	10k
10c	10m	30y	10k

140r	112g	112b
213r	177g	170b
189r	134g	96b
216r	208g	174b

30c	50m	40y	20k
5c	20m	20y	10k
20c	40m	50y	20k
20c	20m	40y	10k

151r	117g	112b
223r	196g	181b
174r	137g	106b
194r	183g	148b

Restrained Chic

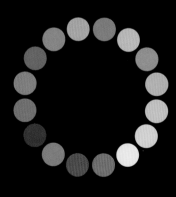

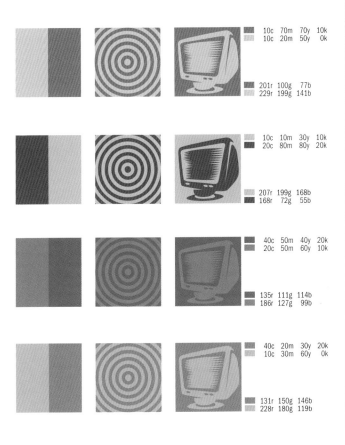

10c 70m 70y 10k
10c 20m 50y 0k

201r 100g 77b
229r 199g 141b

10c 10m 30y 10k
20c 80m 80y 20k

207r 199g 168b
168r 72g 55b

40c 50m 40y 20k
20c 50m 60y 10k

135r 111g 114b
186r 127g 99b

40c 20m 30y 20k
10c 30m 60y 0k

131r 150g 146b
228r 180g 119b

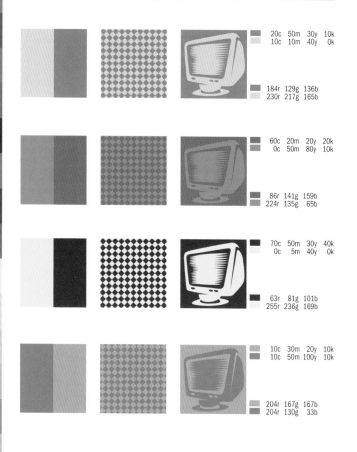

20c 50m 30y 10k
10c 10m 40y 0k

184r 129g 136b
230r 217g 165b

60c 20m 20y 20k
0c 50m 80y 10k

86r 141g 159b
224r 135g 65b

70c 50m 30y 40k
0c 5m 40y 0k

63r 81g 101b
255r 236g 169b

10c 30m 20y 10k
10c 50m 100y 10k

204r 167g 167b
204r 130g 33b

10c 10m 30y 10k
10c 50m 100y 10k
10c 70m 70y 10k

207r 199g 168b
204r 130g 33b
201r 100g 77b

20c 50m 30y 10k
10c 30m 60y 0k
0c   50m 80y 10k

184r 129g 136b
228r 180g 119b
224r 135g 65b

10c 30m 20y 10k
40c 50m 40y 20k
20c 50m 60y 10k

204r 167g 167b
135r 111g 114b
186r 127g 99b

40c 20m 30y 20k
0c   5m   40y 0k
10c 70m 70y 10k

131r 150g 146b
255r 236g 169b
201r 100g 77b

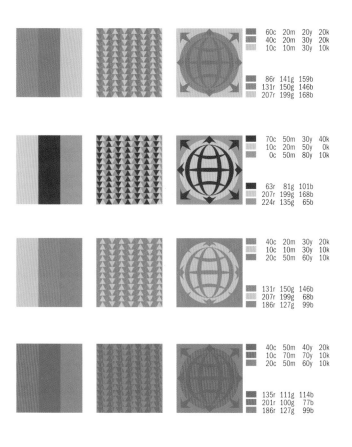

60c	20m	20y	20k
40c	20m	30y	20k
10c	10m	30y	10k

86r	141g	159b
131r	150g	146b
207r	199g	168b

70c	50m	30y	40k
10c	20m	50y	0k
0c	50m	80y	10k

63r	81g	101b
207r	199g	168b
224r	135g	65b

40c	20m	30y	20k
10c	10m	30y	10k
20c	50m	60y	10k

131r	150g	146b
207r	199g	68b
186r	127g	99b

40c	50m	40y	20k
10c	70m	70y	10k
20c	50m	60y	10k

135r	111g	114b
201r	100g	77b
186r	127g	99b

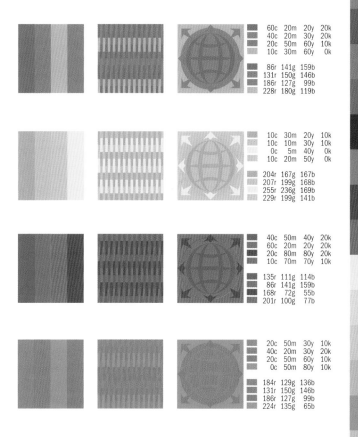

60c	20m	20y	20k
40c	20m	30y	20k
20c	50m	60y	10k
10c	30m	60y	0k

86r	141g	159b
131r	150g	146b
186r	127g	99b
228r	180g	119b

10c	30m	20y	10k
10c	10m	30y	10k
0c	5m	40y	0k
10c	20m	50y	0k

204r	167g	167b
207r	199g	168b
255r	236g	169b
229r	199g	141b

40c	50m	40y	20k
60c	20m	20y	20k
20c	80m	80y	20k
10c	70m	70y	10k

135r	111g	114b
86r	141g	159b
168r	72g	55b
201r	100g	77b

20c	50m	30y	10k
40c	20m	30y	20k
20c	50m	60y	10k
0c	50m	80y	10k

184r	129g	136b
131r	150g	146b
186r	127g	99b
224r	135g	65b

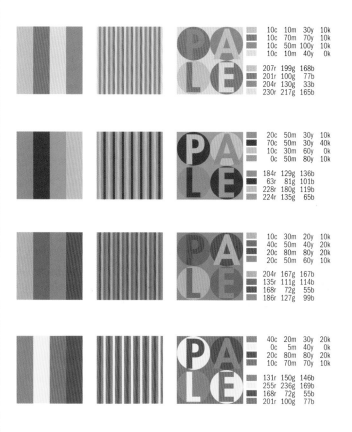

10c	10m	30y	10k
10c	70m	70y	10k
10c	50m	100y	10k
10c	10m	40y	0k
207r	199g	168b	
201r	100g	77b	
204r	130g	33b	
230r	217g	165b	

20c	50m	30y	10k
70c	50m	30y	40k
10c	30m	60y	0k
0c	50m	80y	10k
184r	129g	136b	
63r	81g	101b	
228r	180g	119b	
224r	135g	65b	

10c	30m	20y	10k
40c	50m	40y	20k
20c	80m	80y	20k
20c	50m	60y	10k
204r	167g	167b	
135r	111g	114b	
168r	72g	55b	
186r	127g	99b	

40c	20m	30y	20k
0c	5m	40y	0k
20c	80m	80y	20k
10c	70m	70y	10k
131r	150g	146b	
255r	236g	169b	
168r	72g	55b	
201r	100g	77b	

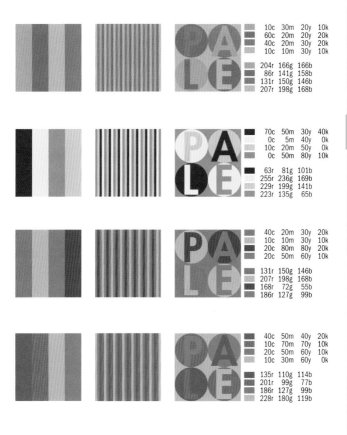

10c 30m 20y 10k
60c 20m 20y 20k
40c 20m 30y 20k
10c 10m 30y 10k

204r 166g 166b
86r 141g 158b
131r 150g 146b
207r 198g 168b

70c 50m 30y 40k
0c 5m 40y 0k
10c 20m 50y 0k
0c 50m 80y 10k

63r 81g 101b
255r 236g 169b
229r 199g 141b
223r 135g 65b

40c 20m 30y 20k
10c 10m 30y 10k
20c 80m 80y 20k
20c 50m 60y 10k

131r 150g 146b
207r 198g 168b
168r 72g 55b
186r 127g 99b

40c 50m 40y 20k
10c 70m 70y 10k
20c 50m 60y 10k
10c 30m 60y 0k

135r 110g 114b
201r 99g 77b
186r 127g 99b
228r 180g 119b

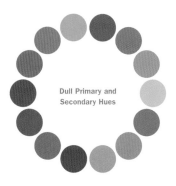

Dull Primary and
Secondary Hues

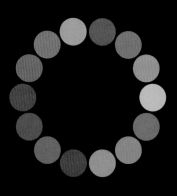

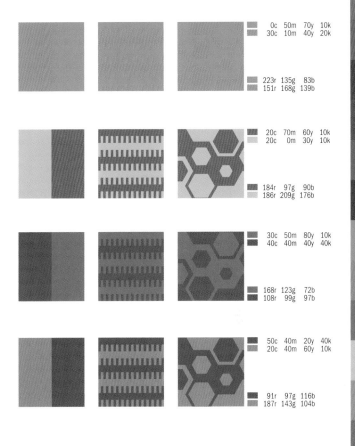

0c 50m 70y 10k
30c 10m 40y 20k

223r 135g 83b
151r 168g 139b

20c 70m 60y 10k
20c 0m 30y 10k

184r 97g 90b
186r 209g 176b

30c 50m 80y 10k
40c 40m 40y 40k

168r 123g 72b
108r 99g 97b

50c 40m 20y 40k
20c 40m 60y 10k

91r 97g 116b
187r 143g 104b

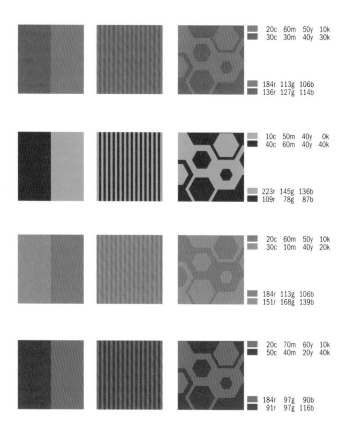

20c 60m 50y 10k
30c 30m 40y 30k

184r 113g 106b
136r 127g 114b

10c 50m 40y 0k
40c 60m 40y 40k

223r 145g 136b
109r 78g 87b

20c 60m 50y 10k
30c 10m 40y 20k

184r 113g 106b
151r 168g 139b

20c 70m 60y 10k
50c 40m 20y 40k

184r 97g 90b
91r 97g 116b

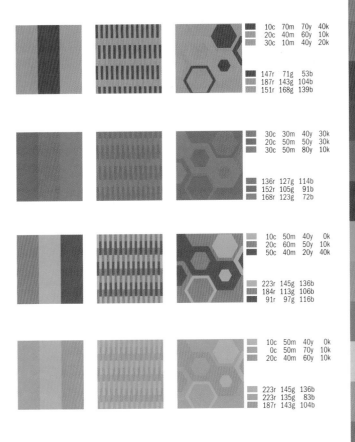

10c 70m 70y 40k
20c 40m 60y 10k
30c 10m 40y 20k

147r 71g 53b
187r 143g 104b
151r 168g 139b

30c 30m 40y 30k
20c 50m 50y 30k
30c 50m 80y 10k

136r 127g 114b
152r 105g 91b
168r 123g 72b

10c 50m 40y 0k
20c 60m 50y 10k
50c 40m 20y 40k

223r 145g 136b
184r 113g 106b
91r 97g 116b

10c 50m 40y 0k
0c 50m 70y 10k
20c 40m 60y 10k

223r 145g 136b
223r 135g 83b
187r 143g 104b

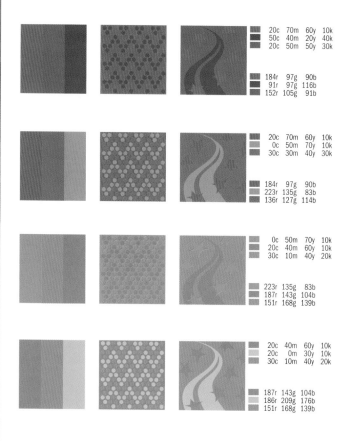

20c 70m 60y 10k
50c 40m 20y 40k
20c 50m 50y 30k

184r 97g 90b
91r 97g 116b
152r 105g 91b

20c 70m 60y 10k
0c 50m 70y 10k
30c 30m 40y 30k

184r 97g 90b
223r 135g 83b
136r 127g 114b

0c 50m 70y 10k
20c 40m 60y 10k
30c 10m 40y 20k

223r 135g 83b
187r 143g 104b
151r 168g 139b

20c 40m 60y 10k
20c 0m 30y 10k
30c 10m 40y 20k

187r 143g 104b
186r 209g 176b
151r 168g 139b

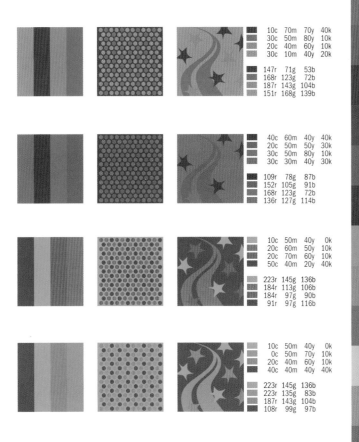

10c	70m	70y	40k
30c	50m	80y	10k
20c	40m	60y	10k
30c	10m	40y	20k

147r	71g	53b
168r	123g	72b
187r	143g	104b
151r	168g	139b

40c	60m	40y	40k
20c	50m	50y	30k
30c	50m	80y	10k
30c	30m	40y	30k

109r	78g	87b
152r	105g	91b
168r	123g	72b
136r	127g	114b

10c	50m	40y	0k
20c	60m	50y	10k
20c	70m	60y	10k
50c	40m	20y	40k

223r	145g	136b
184r	113g	106b
184r	97g	90b
91r	97g	116b

10c	50m	40y	0k
0c	50m	70y	10k
20c	40m	60y	10k
40c	40m	40y	40k

223r	145g	136b
223r	135g	83b
187r	143g	104b
108r	99g	97b

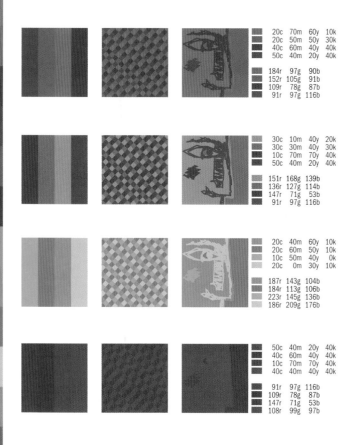

20c 70m 60y 10k
20c 50m 50y 30k
40c 60m 40y 40k
50c 40m 20y 40k

184r 97g 90b
152r 105g 91b
109r 78g 87b
91r 97g 116b

30c 10m 40y 20k
30c 30m 40y 40k
10c 70m 70y 40k
50c 40m 20y 40k

151r 168g 139b
136r 127g 114b
147r 71g 53b
91r 97g 116b

20c 40m 60y 10k
20c 60m 50y 10k
10c 50m 40y 0k
20c 0m 30y 10k

187r 143g 104b
184r 113g 106b
223r 145g 136b
186r 209g 176b

50c 40m 20y 40k
40c 60m 40y 40k
10c 70m 70y 40k
40c 40m 40y 40k

91r 97g 116b
109r 78g 87b
147r 71g 53b
108r 99g 97b

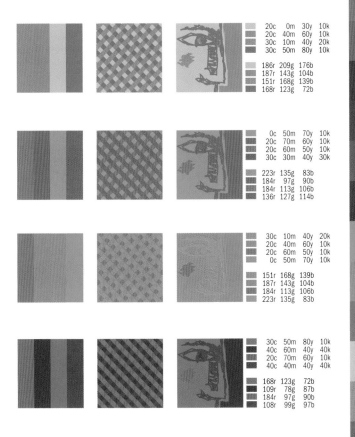

20c	0m	30y	10k
20c	40m	60y	10k
30c	10m	40y	20k
30c	50m	80y	10k

186r	209g	176b
187r	143g	104b
151r	168g	139b
168r	123g	72b

0c	50m	70y	10k
20c	70m	60y	10k
20c	60m	50y	10k
30c	30m	40y	30k

223r	135g	83b
184r	97g	90b
184r	113g	106b
136r	127g	114b

30c	10m	40y	20k
20c	40m	60y	10k
20c	60m	50y	10k
0c	50m	70y	10k

151r	168g	139b
187r	143g	104b
184r	113g	106b
223r	135g	83b

30c	50m	80y	10k
40c	60m	40y	40k
20c	70m	60y	10k
40c	40m	40y	40k

168r	123g	72b
109r	78g	87b
184r	97g	90b
108r	99g	97b

7: CULTURE/ERA

For the purposes of this chapter, the word "culture" is used to refer to a worldly, neo-indigenous look. Many of the color schemes ahead have been built using colors and palettes borrowed from a variety of traditional, ethnically specific sources.

The "era" portion of this chapter draws its inspiration from historic Art Nouveau and Art Deco periods, as well as from the paintings of 16th and 20th century masters.

When aiming for palettes that convey distinct cultural references, take a look at online and printed material to get a feel for what colors best deliver the look you're after. Based on your findings, you may find a palette in this chapter that suits your needs; you may be able to alter one of the palettes to accurately achieve the look you're after; and you may need to start from scratch to build a color combination that fully accomplishes your goal.

Brainstorming Hues of Culture and Era:

Books, galleries, museums and online resources were consulted as inspiration for the palettes in this chapter.

These same resources can be used to expand your own understanding of—and ability to apply—culturally relevant and era-based palettes.

Investigate the textiles, flags and arts (both historic and modern) of a country or cultural group to get a good idea of the colors favored by its people.

Art history books, museums and websites can clue you in to the kinds of palettes used within artistic movements such as Byzantine, Renaissance (early through late), Impressionist, Modernist, Art Nouveau, Art Deco and abstract.

To access the downloadable digital swatches for the palettes in *Color Index, Revised Edition*, visit **www.mydesignshop.com/swatches**.

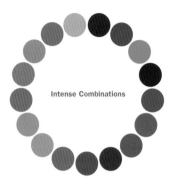

Intense Combinations

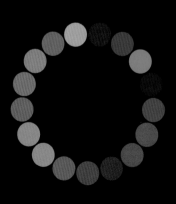

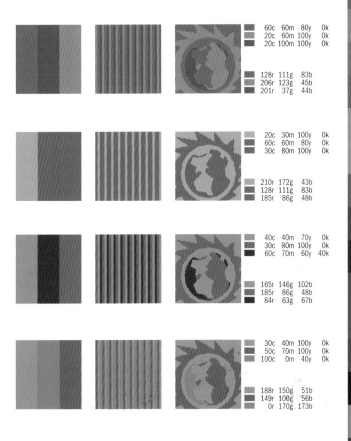

60c 60m 80y 0k
20c 60m 100y 0k
20c 100m 100y 0k

128r 111g 83b
206r 123g 45b
201r 37g 44b

20c 30m 100y 0k
60c 60m 80y 0k
30c 80m 100y 0k

210r 172g 43b
128r 111g 83b
185r 86g 48b

40c 40m 70y 0k
30c 80m 100y 0k
60c 70m 60y 40k

165r 146g 102b
185r 86g 48b
84r 63g 67b

30c 40m 100y 0k
50c 70m 100y 0k
100c 0m 40y 0k

188r 150g 51b
149r 100g 56b
0r 170g 173b

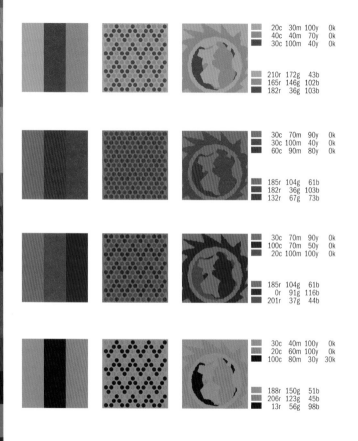

20c 30m 100y 0k
40c 40m 70y   0k
30c 100m 40y 0k

210r 172g 43b
165r 146g 102b
182r 36g   103b

30c 70m 90y 0k
30c 100m 40y 0k
60c 90m 80y 0k

185r 104g 61b
182r 36g   103b
132r 67g   73b

30c 70m 90y   0k
100c 70m 50y 0k
20c 100m 100y 0k

185r 104g 61b
0r   91g   116b
201r 37g   44b

30c 40m 100y 0k
20c 60m 100y 0k
100c 80m 30y 30k

188r 150g 51b
206r 123g 45b
13r 56g   98b

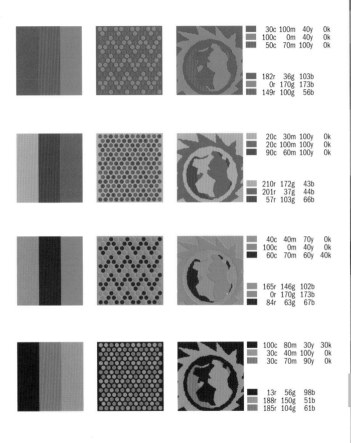

30c 100m 40y 0k
100c 0m 40y 0k
50c 70m 100y 0k

182r 36g 103b
0r 170g 173b
149r 100g 56b

20c 30m 100y 0k
20c 100m 100y 0k
90c 60m 100y 0k

210r 172g 43b
201r 37g 44b
57r 103g 66b

40c 40m 70y 0k
100c 0m 40y 0k
60c 70m 60y 40k

165r 146g 102b
0r 170g 173b
84r 63g 67b

100c 80m 30y 30k
30c 40m 100y 0k
30c 70m 90y 0k

13r 56g 98b
188r 150g 51b
185r 104g 61b

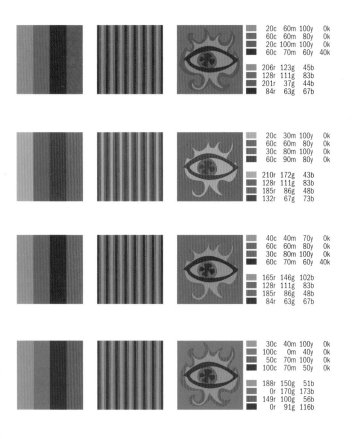

20c 60m 100y 0k
60c 60m 80y 0k
20c 100m 100y 0k
60c 70m 60y 40k

206r 123g 45b
128r 111g 83b
201r 37g 44b
84r 63g 67b

20c 30m 100y 0k
60c 60m 80y 0k
30c 80m 100y 0k
60c 90m 80y 0k

210r 172g 43b
128r 111g 83b
185r 86g 48b
132r 67g 73b

40c 40m 70y 0k
60c 60m 80y 0k
30c 80m 100y 0k
60c 70m 60y 40k

165r 146g 102b
128r 111g 83b
185r 86g 48b
84r 63g 67b

30c 40m 100y 0k
100c 0m 40y 0k
50c 70m 100y 0k
100c 70m 50y 0k

188r 150g 51b
0r 170g 173b
149r 100g 56b
0r 91g 116b

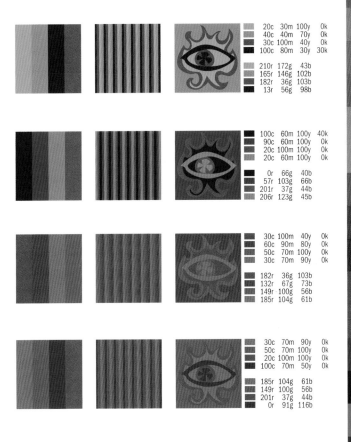

20c	30m	100y	0k
40c	40m	70y	0k
30c	100m	40y	0k
100c	80m	30y	30k

210r	172g	43b
165r	146g	102b
182r	36g	103b
13r	56g	98b

100c	60m	100y	40k
90c	60m	100y	0k
20c	100m	100y	0k
20c	60m	100y	0k

0r	66g	40b
57r	103g	66b
201r	37g	44b
206r	123g	45b

30c	100m	40y	0k
60c	90m	80y	0k
50c	70m	100y	0k
30c	70m	90y	0k

182r	36g	103b
132r	67g	73b
149r	100g	56b
185r	104g	61b

30c	70m	90y	0k
50c	70m	100y	0k
20c	100m	100y	0k
100c	70m	50y	0k

185r	104g	61b
149r	100g	56b
201r	37g	44b
0r	91g	116b

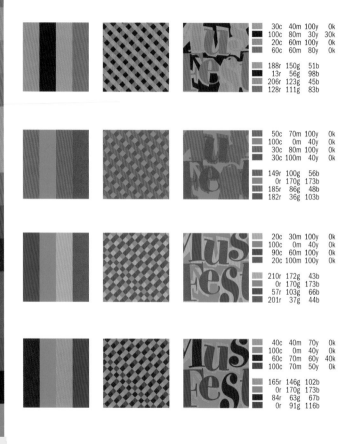

30c	40m	100y	0k
100c	80m	30y	30k
20c	60m	100y	0k
60c	60m	80y	0k
188r	150g	51b
13r	56g	98b
206r	123g	45b
128r	111g	83b

50c	70m	100y	0k
100c	0m	40y	0k
30c	80m	100y	0k
30c	100m	40y	0k
149r	100g	56b
0r	170g	173b
185r	86g	48b
182r	36g	103b

20c	30m	100y	0k
100c	0m	40y	0k
90c	60m	100y	0k
20c	100m	100y	0k
210r	172g	43b
0r	170g	173b
57r	103g	66b
201r	37g	44b

40c	40m	70y	0k
100c	0m	40y	0k
60c	70m	60y	40k
100c	70m	50y	0k
165r	146g	102b
0r	170g	173b
84r	63g	67b
0r	91g	116b

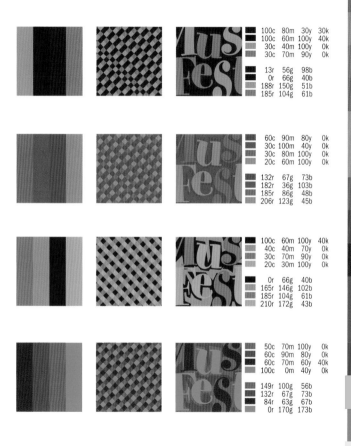

100c	80m	30y	30k
100c	60m	100y	40k
30c	40m	100y	0k
30c	70m	90y	0k

13r	56g	98b
0r	66g	40b
188r	150g	51b
185r	104g	61b

60c	90m	80y	0k
30c	100m	40y	0k
30c	80m	100y	0k
20c	60m	100y	0k

132r	67g	73b
182r	36g	103b
185r	86g	48b
206r	123g	45b

100c	60m	100y	40k
40c	40m	70y	0k
30c	70m	90y	0k
20c	30m	100y	0k

0r	66g	40b
165r	146g	102b
185r	104g	61b
210r	172g	43b

50c	70m	100y	0k
60c	90m	80y	0k
60c	70m	60y	40k
100c	0m	40y	0k

149r	100g	56b
132r	67g	73b
84r	63g	67b
0r	170g	173b

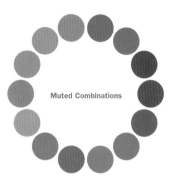

Muted Combinations

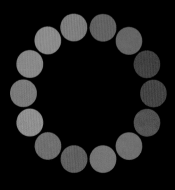

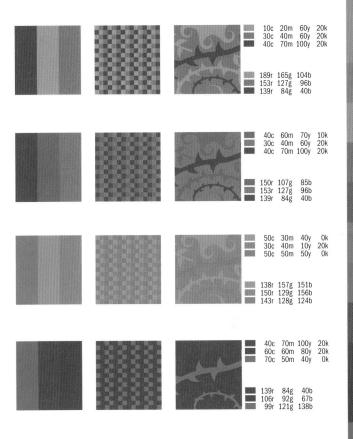

10c 20m 60y 20k
30c 40m 60y 20k
40c 70m 100y 20k

189r 165g 104b
153r 127g 96b
139r 84g 40b

40c 60m 70y 10k
30c 40m 60y 20k
40c 70m 100y 20k

150r 107g 85b
153r 127g 96b
139r 84g 40b

50c 30m 40y 0k
30c 40m 10y 20k
50c 50m 50y 0k

138r 157g 151b
150r 129g 156b
143r 128g 124b

40c 70m 100y 20k
60c 60m 80y 20k
70c 50m 40y 0k

139r 84g 40b
106r 92g 67b
99r 121g 138b

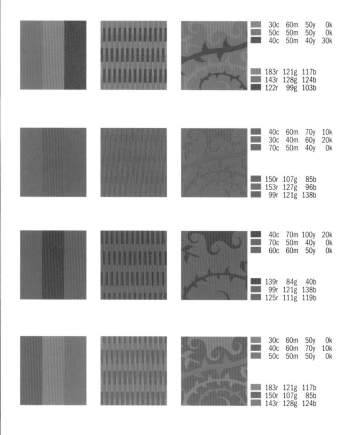

30c 60m 50y 0k
50c 50m 50y 0k
40c 50m 40y 30k

183r 121g 117b
143r 128g 124b
122r 99g 103b

40c 60m 70y 10k
30c 40m 60y 20k
70c 50m 40y 0k

150r 107g 85b
153r 127g 96b
99r 121g 138b

40c 70m 100y 20k
70c 50m 40y 0k
60c 60m 50y 0k

139r 84g 40b
99r 121g 138b
125r 111g 119b

30c 60m 50y 0k
40c 60m 70y 10k
50c 50m 50y 0k

183r 121g 117b
150r 107g 85b
143r 128g 124b

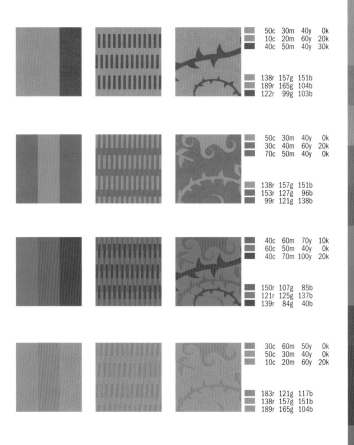

50c 30m 40y 0k
10c 20m 60y 20k
40c 50m 40y 30k

138r 157g 151b
189r 165g 104b
122r 99g 103b

50c 30m 40y 0k
30c 40m 60y 20k
70c 50m 40y 0k

138r 157g 151b
153r 127g 96b
99r 121g 138b

40c 60m 70y 10k
60c 50m 40y 0k
40c 70m 100y 20k

150r 107g 85b
121r 125g 137b
139r 84g 40b

30c 60m 50y 0k
50c 30m 40y 0k
10c 20m 60y 20k

183r 121g 117b
138r 157g 151b
189r 165g 104b

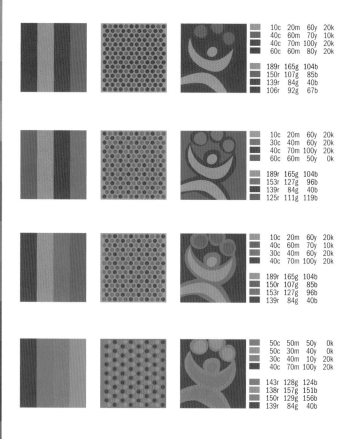

10c	20m	60y	20k
40c	60m	70y	10k
40c	70m	100y	20k
60c	60m	80y	20k

189r 165g 104b
150r 107g 85b
139r 84g 40b
106r 92g 67b

10c	20m	60y	20k
30c	40m	60y	20k
40c	70m	100y	20k
60c	60m	50y	0k

189r 165g 104b
153r 127g 96b
139r 84g 40b
125r 111g 119b

10c	20m	60y	20k
40c	60m	70y	10k
30c	40m	60y	20k
40c	70m	100y	20k

189r 165g 104b
150r 107g 85b
153r 127g 96b
139r 84g 40b

50c	50m	50y	0k
50c	30m	40y	0k
30c	40m	10y	20k
40c	70m	100y	20k

143r 128g 124b
138r 157g 151b
150r 129g 156b
139r 84g 40b

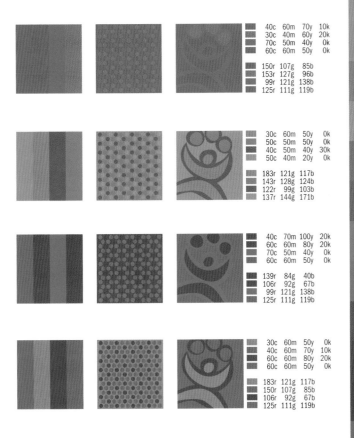

40c	60m	70y	10k
30c	40m	60y	20k
70c	50m	40y	0k
60c	60m	50y	0k

150r	107g	85b
153r	127g	96b
99r	121g	138b
125r	111g	119b

30c	60m	50y	0k
50c	50m	50y	0k
40c	50m	40y	30k
50c	40m	20y	0k

183r	121g	117b
143r	128g	124b
122r	99g	103b
137r	144g	171b

40c	70m	100y	20k
60c	60m	80y	20k
70c	50m	40y	0k
60c	60m	50y	0k

139r	84g	40b
106r	92g	67b
99r	121g	138b
125r	111g	119b

30c	60m	50y	0k
40c	60m	70y	10k
60c	60m	80y	20k
60c	60m	50y	0k

183r	121g	117b
150r	107g	85b
106r	92g	67b
125r	111g	119b

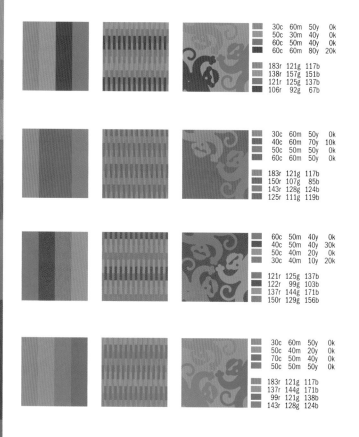

30c	60m	50y	0k
50c	30m	40y	0k
60c	50m	40y	0k
60c	60m	80y	20k

183r 121g 117b
138r 157g 151b
121r 125g 137b
106r 92g 67b

30c 60m 50y 0k
40c 60m 70y 10k
50c 50m 50y 0k
60c 60m 50y 0k

183r 121g 117b
150r 107g 85b
143r 128g 124b
125r 111g 119b

60c 50m 40y 0k
40c 50m 40y 30k
50c 40m 20y 0k
30c 40m 10y 20k

121r 125g 137b
122r 99g 103b
137r 144g 171b
150r 129g 156b

30c 60m 50y 0k
50c 40m 20y 0k
70c 50m 40y 0k
50c 50m 50y 0k

183r 121g 117b
137r 144g 171b
99r 121g 138b
143r 128g 124b

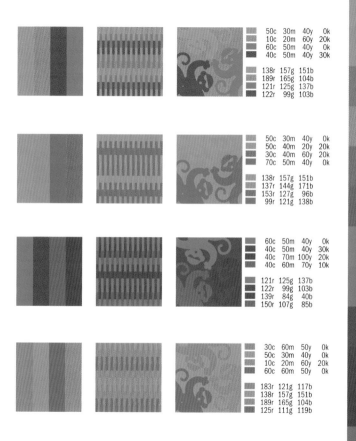

50c	30m	40y	0k
10c	20m	60y	20k
60c	50m	40y	0k
40c	50m	40y	30k

138r	157g	151b
189r	165g	104b
121r	125g	137b
122r	99g	103b

50c	30m	40y	0k
50c	40m	20y	20k
30c	40m	60y	20k
70c	50m	40y	0k

138r	157g	151b
137r	144g	171b
153r	127g	96b
99r	121g	138b

60c	50m	40y	0k
40c	50m	40y	30k
40c	70m	100y	20k
40c	60m	70y	10k

121r	125g	137b
122r	99g	103b
139r	84g	40b
150r	107g	85b

30c	60m	50y	0k
50c	30m	40y	0k
10c	20m	60y	20k
60c	60m	50y	0k

183r	121g	117b
138r	157g	151b
189r	165g	104b
125r	111g	119b

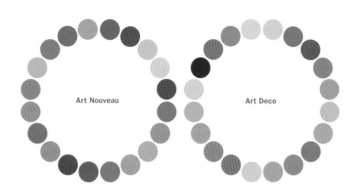

Art Nouveau

Art Deco

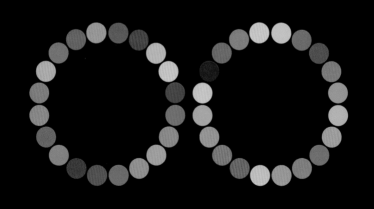

Art Nouveau is a style of decorative art that peaked during the late 1800s through the early 1900s. The visual aesthetics of this movement are based on an organic, back-to-nature sensibility. Its muted palette is taken from the natural world and is useful today to designers looking for color schemes that reflect not only nature, but also lend connotations of the past.

The Art Deco movement incorporated themes from many of the progressive art styles of the early 20th century. It tended away from nature and toward a more industrialized, futuristic aesthetic. In print, Art Deco is characterized by hues that imply an urban and man-made existence: vibrant teals, warm and cool grays, saturated pinks and violets.

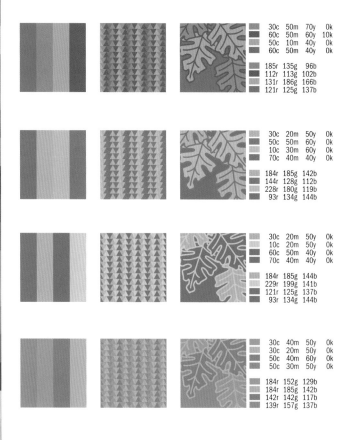

30c	50m	70y	0k
60c	50m	60y	10k
50c	10m	40y	0k
60c	50m	40y	0k
185r	135g	96b	
112r	113g	102b	
131r	186g	166b	
121r	125g	137b	

30c	20m	50y	0k
50c	50m	60y	0k
10c	30m	60y	0k
70c	40m	40y	0k
184r	185g	142b	
144r	128g	112b	
228r	180g	119b	
93r	134g	144b	

30c	20m	50y	0k
10c	20m	50y	0k
60c	50m	40y	0k
70c	40m	40y	0k
184r	185g	144b	
229r	199g	141b	
121r	125g	137b	
93r	134g	144b	

30c	40m	50y	0k
30c	20m	50y	0k
50c	40m	60y	0k
50c	30m	50y	0k
184r	152g	129b	
184r	185g	142b	
142r	142g	117b	
139r	157g	137b	

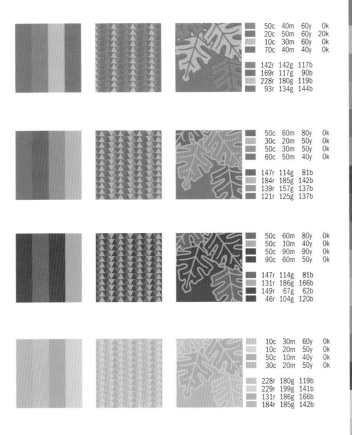

50c 40m 60y 0k
20c 50m 60y 20k
10c 30m 60y 0k
70c 40m 40y 0k

142r 142g 117b
169r 117g 90b
228r 180g 119b
93r 134g 144b

50c 60m 80y 0k
30c 20m 50y 0k
50c 30m 50y 0k
60c 50m 40y 0k

147r 114g 81b
184r 185g 142b
139r 157g 137b
121r 125g 137b

50c 60m 80y 0k
50c 10m 40y 0k
50c 90m 90y 0k
90c 60m 50y 0k

147r 114g 81b
131r 186g 166b
149r 67g 62b
46r 104g 120b

10c 30m 60y 0k
10c 20m 50y 0k
50c 10m 40y 0k
30c 20m 50y 0k

228r 180g 119b
229r 199g 141b
131r 186g 166b
184r 185g 142b

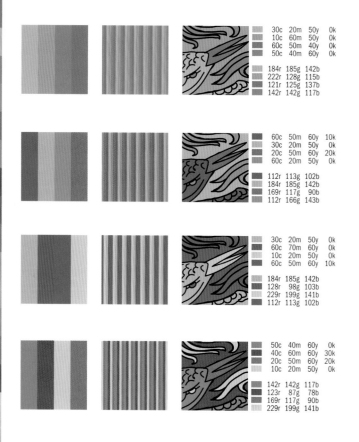

30c 20m 50y 0k
10c 60m 50y 0k
60c 50m 40y 0k
50c 40m 60y 0k

184r 185g 142b
222r 128g 115b
121r 125g 137b
142r 142g 117b

60c 50m 60y 10k
30c 20m 50y 0k
20c 50m 60y 20k
60c 20m 50y 0k

112r 113g 102b
184r 185g 142b
169r 117g 90b
112r 166g 143b

30c 20m 50y 0k
60c 70m 60y 0k
10c 20m 50y 0k
60c 50m 60y 10k

184r 185g 142b
128r 98g 103b
229r 199g 141b
112r 113g 102b

50c 40m 60y 0k
40c 60m 60y 30k
20c 50m 60y 20k
10c 20m 50y 0k

142r 142g 117b
123r 87g 78b
169r 117g 90b
229r 199g 141b

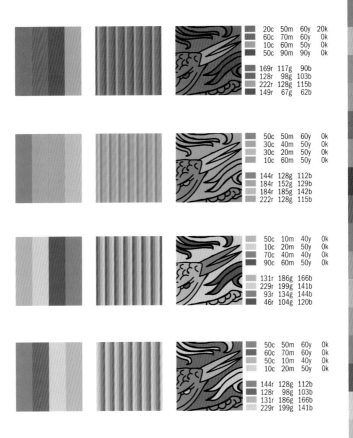

20c 50m 60y 20k
60c 70m 60y 0k
10c 60m 50y 0k
50c 90m 90y 0k

169r 117g 90b
128r 98g 103b
222r 128g 115b
149r 67g 62b

50c 50m 60y 0k
30c 40m 50y 0k
30c 20m 50y 0k
10c 60m 50y 0k

144r 128g 112b
184r 152g 129b
184r 185g 142b
222r 128g 115b

50c 10m 40y 0k
10c 20m 50y 0k
70c 40m 40y 0k
90c 60m 50y 0k

131r 186g 166b
229r 199g 141b
93r 134g 144b
46r 104g 120b

50c 50m 60y 0k
60c 70m 60y 0k
50c 10m 40y 0k
10c 20m 50y 0k

144r 128g 112b
128r 98g 103b
131r 186g 166b
229r 199g 141b

	10c	60m	40y	0k
	40c	30m	30y	0k
	70c	40m	30y	20k

	222r 128g 129b
	159r 164g 166b
	76r 113g 132b

	20c	20m	20y	0k
	50c	0m	20y	0k
	60c	50m	50y	0k

	204r 194g 192b
	120r 205g 209b
	122r 124g 125b

	50c	50m	20y	0k
	10c	80m	50y	0k
	50c	40m	40y	0k

	140r 129g 162b
	220r 89g 103b
	140r 143g 144b

	20c	20m	10y	0k
	0c	40m	20y	0k
	60c	40m	30y	0k

	202r 195g 207b
	248r 171g 173b
	116r 139g 158b

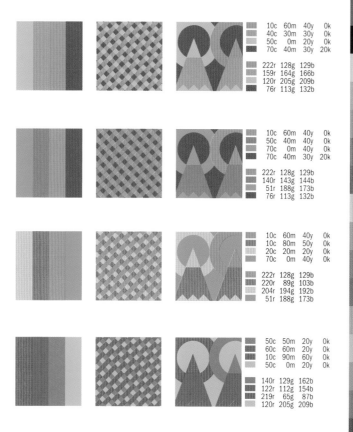

10c 60m 40y 0k
40c 30m 30y 0k
50c 0m 20y 0k
70c 30m 30y 20k

222r 128g 129b
159r 164g 166b
120r 205g 209b
76r 113g 132b

10c 60m 40y 0k
50c 40m 40y 0k
70c 0m 40y 0k
70c 40m 30y 20k

222r 128g 129b
140r 143g 144b
51r 188g 173b
76r 113g 132b

10c 60m 40y 0k
10c 80m 50y 0k
20c 20m 20y 0k
70c 0m 40y 0k

222r 128g 129b
220r 89g 103b
204r 194g 192b
51r 188g 173b

50c 50m 20y 0k
60c 60m 20y 0k
10c 90m 60y 0k
50c 0m 20y 0k

140r 129g 162b
122r 112g 154b
219r 65g 87b
120r 205g 209b

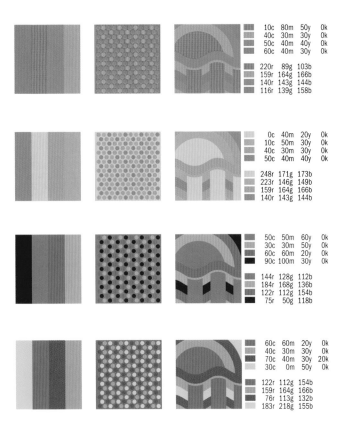

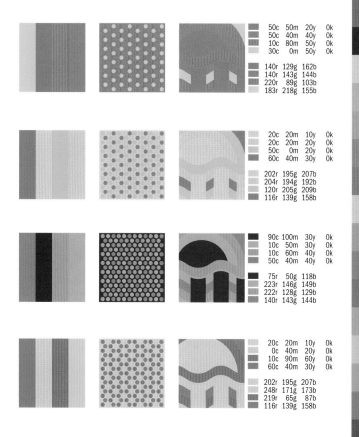

50c 50m 20y 0k
50c 40m 40y 0k
10c 80m 50y 0k
30c 0m 50y 0k

140r 129g 162b
140r 143g 144b
220r 89g 103b
183r 218g 155b

20c 20m 10y 0k
20c 20m 20y 0k
50c 0m 20y 0k
60c 40m 30y 0k

202r 195g 207b
204r 194g 192b
120r 205g 209b
116r 139g 158b

90c 100m 30y 0k
10c 50m 30y 0k
10c 60m 40y 0k
50c 40m 40y 0k

75r 50g 118b
223r 146g 149b
222r 128g 129b
140r 143g 144b

20c 20m 10y 0k
0c 40m 20y 0k
10c 90m 60y 0k
60c 40m 30y 0k

202r 195g 207b
248r 171g 173b
219r 65g 87b
116r 139g 158b

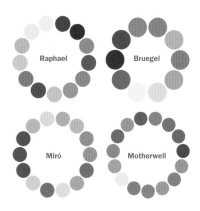

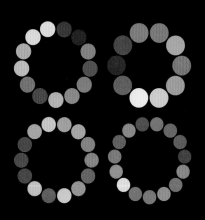

The fine arts, both historic and current, have much to offer the modern day commercial art professional. Great artists, past and present, have helped define the way we see and interpret the world around us through use of form, composition, content and color. Their innovation and discoveries are extremely relevant to anyone involved in the creation of visual material.

Four influential artists from two significant fine art eras have been chosen to lend color ideas to this chapter: Raphael (Raffaello Sanzio) and Pieter Bruegel the Elder (both active during the 16th century); and Joan Miró and Robert Motherwell (20th century painters).

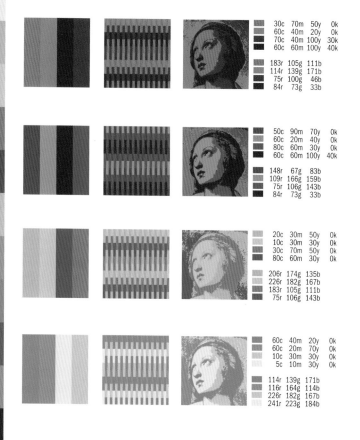

30c	70m	50y	0k
60c	40m	20y	0k
70c	40m	100y	30k
60c	60m	100y	40k

183r	105g	111b
114r	139g	171b
75r	100g	46b
84r	73g	33b

50c	90m	70y	0k
60c	20m	40y	0k
80c	60m	30y	0k
60c	60m	100y	40k

148r	67g	83b
109r	166g	159b
75r	106g	143b
84r	73g	33b

20c	30m	50y	0k
10c	30m	30y	0k
30c	70m	50y	0k
80c	60m	30y	0k

206r	174g	135b
226r	182g	167b
183r	105g	111b
75r	106g	143b

60c	40m	20y	0k
60c	20m	70y	0k
10c	30m	30y	0k
5c	10m	30y	0k

114r	139g	171b
116r	164g	114b
226r	182g	167b
241r	223g	184b

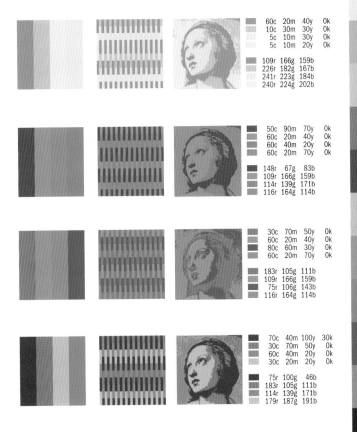

60c	20m	40y	0k
10c	30m	30y	0k
5c	10m	30y	0k
5c	10m	20y	0k

109r	166g	159b
226r	182g	167b
241r	223g	184b
240r	224g	202b

50c	90m	70y	0k
60c	20m	40y	0k
60c	40m	20y	0k
60c	20m	70y	0k

148r	67g	83b
109r	166g	159b
114r	139g	171b
116r	164g	114b

30c	70m	50y	0k
60c	20m	40y	0k
80c	60m	30y	0k
60c	20m	70y	0k

183r	105g	111b
109r	166g	159b
75r	106g	143b
116r	164g	114b

70c	40m	100y	30k
30c	70m	50y	0k
60c	40m	20y	0k
30c	20m	20y	0k

75r	100g	46b
183r	105g	111b
114r	139g	171b
179r	187g	191b

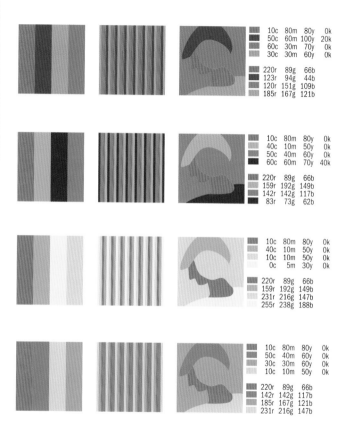

10c 80m 80y 0k
50c 60m 100y 20k
60c 30m 70y 0k
30c 30m 60y 0k

220r 89g 66b
123r 94g 44b
120r 151g 109b
185r 167g 121b

10c 80m 80y 0k
40c 10m 50y 0k
50c 40m 60y 0k
60c 60m 70y 40k

220r 89g 66b
159r 192g 149b
142r 142g 117b
83r 73g 62b

10c 80m 80y 0k
40c 10m 50y 0k
10c 10m 50y 0k
0c 5m 30y 0k

220r 89g 66b
159r 192g 149b
231r 216g 147b
255r 238g 188b

10c 80m 80y 0k
50c 40m 60y 0k
30c 30m 60y 0k
10c 10m 50y 0k

220r 89g 66b
142r 142g 117b
185r 167g 121b
231r 216g 147b

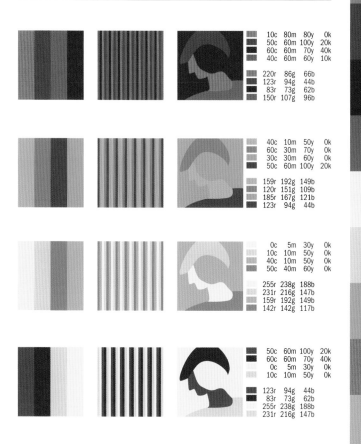

10c 80m 80y 0k
50c 60m 100y 20k
60c 60m 70y 40k
40c 60m 60y 10k

220r 86g 66b
123r 94g 44b
83r 73g 62b
150r 107g 96b

40c 10m 50y 0k
60c 30m 70y 0k
30c 30m 60y 0k
50c 60m 100y 20k

159r 192g 149b
120r 151g 109b
185r 167g 121b
123r 94g 44b

0c 5m 30y 0k
10c 10m 50y 0k
40c 10m 50y 0k
50c 40m 60y 0k

255r 238g 188b
231r 216g 147b
159r 192g 149b
142r 142g 117b

50c 60m 100y 20k
60c 60m 70y 40k
0c 5m 30y 0k
10c 10m 50y 0k

123r 94g 44b
83r 73g 62b
255r 238g 188b
231r 216g 147b

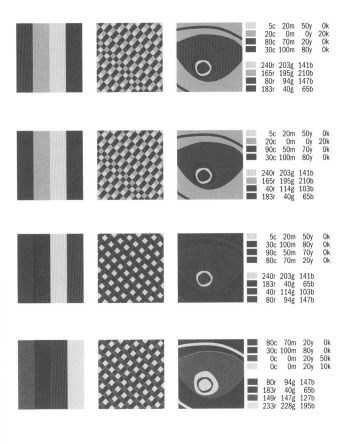

5c 20m 50y 0k
20c 0m 0y 20k
80c 70m 20y 0k
30c 100m 80y 0k

240r 203g 141b
165r 195g 210b
80r 94g 147b
183r 40g 65b

5c 20m 50y 0k
20c 0m 0y 20k
90c 50m 70y 0k
30c 100m 80y 0k

240r 203g 141b
165r 195g 210b
40r 114g 103b
183r 40g 65b

5c 20m 50y 0k
30c 100m 80y 0k
90c 50m 70y 0k
80c 70m 20y 0k

240r 203g 141b
183r 40g 65b
40r 114g 103b
80r 94g 147b

80c 70m 20y 0k
30c 100m 80y 0k
0c 0m 20y 50k
0c 0m 20y 10k

80r 94g 147b
183r 40g 65b
149r 147g 127b
233r 228g 195b

238

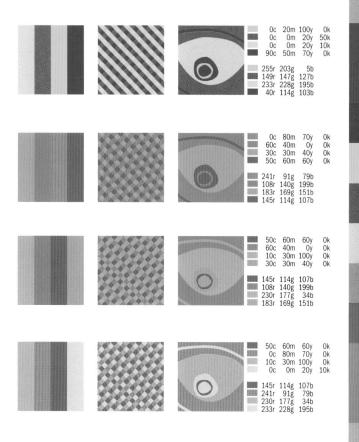

0c	20m	100y	0k
0c	0m	20y	50k
0c	0m	20y	10k
90c	50m	70y	0k

255r	203g	5b
149r	147g	127b
233r	228g	195b
40r	114g	103b

0c	80m	70y	0k
60c	40m	0y	0k
30c	30m	40y	0k
50c	60m	60y	0k

241r	91g	79b
108r	140g	199b
183r	169g	151b
145r	114g	107b

50c	60m	60y	0k
60c	40m	0y	0k
10c	30m	100y	0k
30c	30m	40y	0k

145r	114g	107b
108r	140g	199b
230r	177g	34b
183r	169g	151b

50c	60m	60y	0k
0c	80m	70y	0k
10c	30m	100y	0k
0c	0m	20y	10k

145r	114g	107b
241r	91g	79b
230r	177g	34b
233r	228g	195b

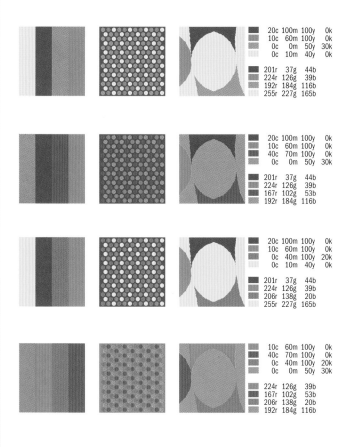

20c 100m 100y 0k
10c 60m 100y 0k
0c 0m 50y 30k
0c 10m 40y 0k

201r 37g 44b
224r 126g 39b
192r 184g 116b
255r 227g 165b

20c 100m 100y 0k
10c 60m 100y 0k
40c 70m 100y 0k
0c 0m 50y 30k

201r 37g 44b
224r 126g 39b
167r 102g 53b
192r 184g 116b

20c 100m 100y 0k
10c 60m 100y 0k
0c 40m 100y 20k
0c 10m 40y 0k

201r 37g 44b
224r 126g 39b
206r 138g 20b
255r 227g 165b

10c 60m 100y 0k
40c 70m 100y 0k
0c 40m 100y 20k
0c 0m 50y 30k

224r 126g 39b
167r 102g 53b
206r 138g 20b
192r 184g 116b

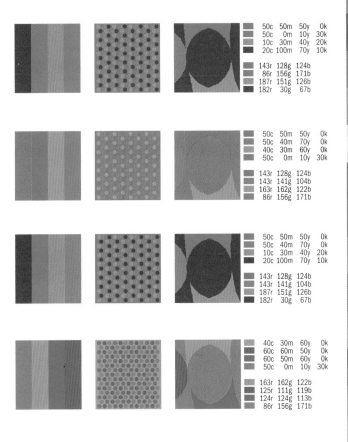

50c 50m 50y 0k
50c 0m 10y 30k
10c 30m 40y 20k
20c 100m 70y 10k

143r 128g 124b
86r 156g 171b
187r 151g 126b
182r 30g 67b

50c 50m 50y 0k
50c 40m 70y 0k
40c 30m 60y 0k
50c 0m 10y 30k

143r 128g 124b
143r 141g 104b
163r 162g 122b
86r 156g 171b

50c 50m 50y 0k
50c 40m 70y 0k
10c 30m 40y 20k
20c 100m 70y 10k

143r 128g 124b
143r 141g 104b
187r 151g 126b
182r 30g 67b

40c 30m 60y 0k
60c 60m 50y 0k
60c 50m 60y 0k
50c 0m 10y 30k

163r 162g 122b
125r 111g 119b
124r 124g 113b
86r 156g 171b

8: NATURAL

Natural hues borrowed from the planet on which we live: browns, grays and muted reds inspired by the colors of soil and stone; greens and yellows borrowed from the hues of foliage; and blues and oranges adopted from the spectrum of sky, sun and sea.

Colors such as these are often used by designers aiming to catch the attention of viewers interested in a grass-roots, no-nonsense, "earthy" presentation.

Natural tones, just like any defined group of hues, come in—and go out—of fashion. Sometimes certain browns prevail. At other times it's warm grays, cool grays, beiges or tans that seem to dominate the latest examples of fashion, home accessories and advertisements. What's going on today? Take a look through current media to get a sense for natural hues that are right on trend.

Brainstorming Natural Colors:

Could your project's message be delivered through an earthy palette of browns, a celestial selection of blues or an organic arrangement of greens?

What about building combinations of hues based on the colors of soil, rocks, sky, fire, water, plants, animals or skin?

Consider the effects the seasons have on natural hues.

How about using only natural colors in your palette? Is there a way of incorporatiing some "non-organic" colors for the sake of contrast?

Natural colors can be bright, muted, lively, subdued, warm, or cool.

Look at landscape paintings and photographs for ideas. Look out the window. Would a walk or a hike provide some inspiration for your project?

To access the downloadable digital swatches for the palettes in *Color Index, Revised Edition*, visit **www.mydesignshop.com/swatches**.

Hues of Autumn

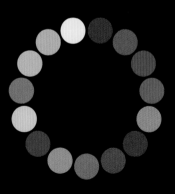

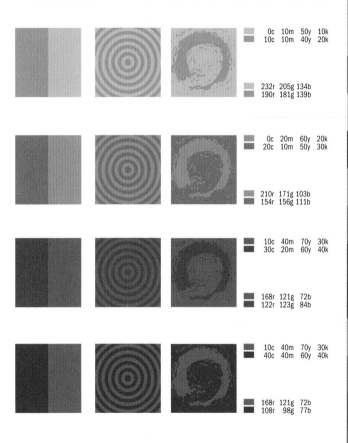

0c 10m 50y 10k
10c 10m 40y 20k

232r 205g 134b
190r 181g 139b

0c 20m 60y 20k
20c 10m 50y 30k

210r 171g 103b
154r 156g 111b

10c 40m 70y 30k
30c 20m 60y 40k

168r 121g 72b
122r 123g 84b

10c 40m 70y 30k
40c 40m 60y 40k

168r 121g 72b
108r 98g 77b

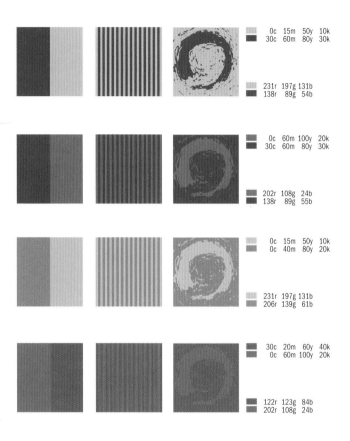

0c   15m   50y   10k
30c 60m   80y   30k

231r 197g 131b
138r   89g   54b

0c   60m 100y   20k
30c 60m   80y   30k

202r 108g   24b
138r   89g   55b

0c   15m   50y   10k
0c   40m   80y   20k

231r 197g 131b
206r 139g   61b

30c 20m   60y   40k
0c   60m 100y   20k

122r 123g   84b
202r 108g   24b

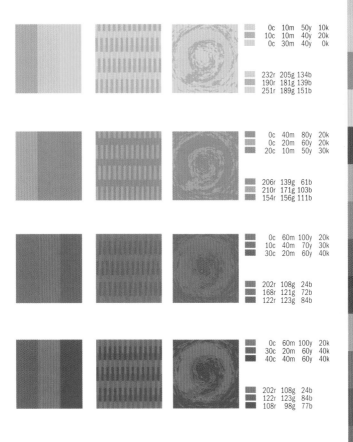

0c 10m 50y 10k
10c 10m 40y 20k
0c 30m 40y 0k

232r 205g 134b
190r 181g 139b
251r 189g 151b

0c 40m 80y 20k
0c 20m 60y 20k
20c 10m 50y 30k

206r 139g 61b
210r 171g 103b
154r 156g 111b

0c 60m 100y 20k
10c 40m 70y 30k
30c 20m 60y 40k

202r 108g 24b
168r 121g 72b
122r 123g 84b

0c 60m 100y 20k
30c 20m 60y 40k
40c 40m 60y 40k

202r 108g 24b
122r 123g 84b
108r 98g 77b

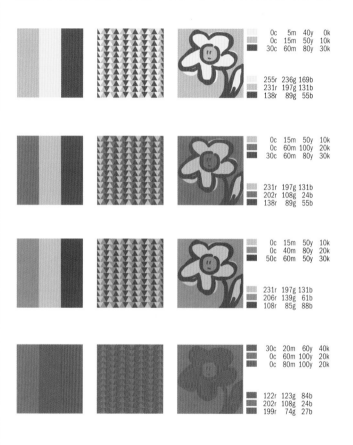

0c   5m 40y   0k
0c 15m 50y 10k
30c 60m 80y 30k

255r 236g 169b
231r 197g 131b
138r 89g 55b

0c 15m 50y 10k
0c 60m 100y 20k
30c 60m 80y 30k

231r 197g 131b
202r 108g 24b
138r 89g 55b

0c 15m 50y 10k
0c 40m 80y 20k
50c 60m 50y 30k

231r 197g 131b
206r 139g 61b
108r 85g 88b

30c 20m 60y 40k
0c 60m 100y 20k
0c 80m 100y 20k

122r 123g 84b
202r 108g 24b
199r 74g 27b

0c   5m   40y   0k
0c   10m 50y   10k
10c 10m 40y   20k
0c   30m 40y   0k

255r 236g 169b
232r 205g 134b
190r 181g 139b
251r 189g 151b

0c   15m 50y   10k
0c   60m 100y 20k
30c 60m 80y   30k
50c 60m 50y   30k

231r 197g 131b
202r 108g 24b
138r 89g 55b
108r 85g 88b

0c   15m 50y   10k
0c   40m 80y   20k
30c 60m 80y   30k
40c 40m 60y   40k

231r 197g 131b
206r 139g 61b
138r 89g 55b
108r 98g 77b

20c 10m 50y   30k
30c 20m 60y   40k
0c   60m 100y 20k
0c   80m 100y 20k

154r 156g 111b
122r 123g 84b
202r 108g 24b
199r 74g 27b

0c	5m	40y	0k
0c	30m	40y	0k
0c	60m	100y	20k
30c	60m	80y	30k

255r	236g	169b
251r	189g	151b
202r	108g	24b
138r	89g	55b

0c	40m	80y	20k
10c	10m	40y	20k
0c	60m	100y	20k
30c	60m	80y	30k

206r	139g	61b
190r	181g	139b
202r	108g	24b
138r	89g	55b

0c	15m	50y	10k
0c	40m	80y	20k
40c	40m	60y	40k
0c	60m	100y	20k

231r	197g	131b
206r	139g	61b
108r	98g	77b
202r	108g	24b

0c	40m	80y	20k
30c	20m	60y	40k
0c	60m	100y	20k
30c	60m	80y	30k

206r	139g	61b
122r	123g	84b
202r	108g	24b
138r	89g	55b

0c	80m	100y	20k
30c	60m	80y	30k
40c	40m	60y	40k
50c	60m	50y	30k
199r	74g	27b	
138r	89g	55b	
108r	98g	77b	
108r	85g	88b	

0c	30m	40y	0k
30c	60m	80y	30k
40c	40m	60y	40k
50c	60m	50y	30k
251r	185g	151b	
138r	89g	55b	
108r	98g	77b	
108r	85g	88b	

30c	60m	80y	30k
0c	80m	100y	20k
0c	60m	100y	20k
50c	60m	50y	30k
138r	89g	55b	
199r	74g	27b	
202r	108g	24b	
108r	85g	88b	

40c	40m	60y	40k
30c	60m	80y	30k
10c	40m	70y	30k
30c	20m	60y	40k
108r	98g	77b	
138r	89g	55b	
168r	121g	72b	
122r	123g	84b	

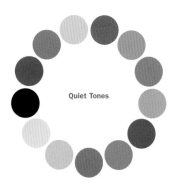

Quiet Tones

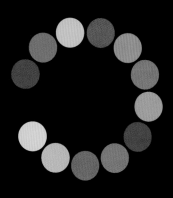

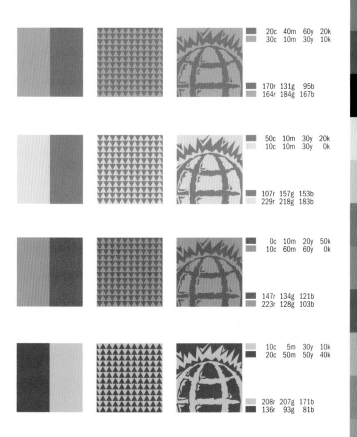

20c 40m 60y 20k
30c 10m 30y 10k

170r 131g 95b
164r 184g 167b

50c 10m 30y 20k
10c 10m 30y 0k

107r 157g 153b
229r 218g 183b

0c 10m 20y 50k
10c 60m 60y 0k

147r 134g 121b
223r 128g 103b

10c 5m 30y 10k
20c 50m 50y 40k

208r 207g 171b
136r 93g 81b

10c 10m 30y 0k
10c 5m 30y 10k
40c 20m 30y 20k

229r 218g 183b
208r 207g 171b
131r 150g 146b

30c 10m 30y 10k
30c 20m 40y 30k
20c 40m 60y 20k

164r 184g 167b
136r 140g 120b
170r 131g 95b

0c 10m 20y 50k
50c 10m 30y 20k
10c 20m 40y 0k

147r 134g 121b
107r 157g 153b
228r 200g 158b

0c 10m 40y 90k
20c 50m 50y 40k
60c 40m 30y 30k

64r 55g 35b
136r 93g 81b
87r 105g 119b

10c 5m 30y 10k
30c 20m 40y 30k
30c 10m 30y 10k

208r 207g 171b
136r 140g 120b
164r 184g 167b

40c 20m 30y 20k
50c 10m 30y 20k
60c 40m 30y 30k

131r 150g 146b
107r 157g 153b
87r 105g 119b

10c 10m 30y 0k
10c 5m 30y 10k
10c 20m 40y 0k

229r 218g 183b
208r 207g 171b
228r 200g 158b

30c 20m 40y 30k
0c 10m 20y 50k
10c 60m 60y 0k

136r 140g 120b
147r 134g 121b
223r 128g 103b

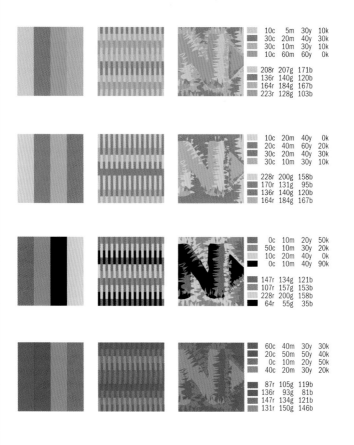

10c	5m	30y	10k
30c	20m	40y	30k
30c	10m	30y	10k
10c	60m	60y	0k

208r 207g 171b
136r 140g 120b
164r 184g 167b
223r 128g 103b

10c	20m	40y	0k
20c	40m	60y	20k
30c	20m	40y	30k
30c	10m	30y	10k

228r 200g 158b
170r 131g 95b
136r 140g 120b
164r 184g 167b

0c	10m	20y	50k
50c	10m	30y	20k
10c	20m	40y	0k
0c	10m	40y	90k

147r 134g 121b
107r 157g 153b
228r 200g 158b
64r 55g 35b

60c	40m	30y	30k
20c	50m	50y	40k
0c	10m	20y	50k
40c	20m	30y	20k

87r 105g 119b
136r 93g 81b
147r 134g 121b
131r 150g 146b

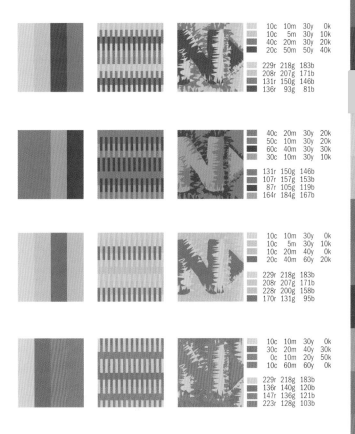

	10c	10m	30y	0k
	10c	5m	30y	10k
	40c	20m	30y	20k
	20c	50m	50y	40k

	229r	218g	183b
	208r	207g	171b
	131r	150g	146b
	136r	93g	81b

	40c	20m	30y	20k
	50c	10m	30y	20k
	60c	40m	30y	30k
	30c	10m	30y	10k

	131r	150g	146b
	107r	157g	153b
	87r	105g	119b
	164r	184g	167b

	10c	10m	30y	0k
	10c	5m	30y	10k
	10c	20m	40y	0k
	20c	40m	60y	20k

	229r	218g	183b
	208r	207g	171b
	228r	200g	158b
	170r	131g	95b

	10c	10m	30y	0k
	30c	20m	40y	30k
	0c	10m	20y	50k
	10c	60m	60y	0k

	229r	218g	183b
	136r	140g	120b
	147r	136g	121b
	223r	128g	103b

257

This spread addresses a variety of factors that ought to be considered when finalizing colors for a job that will be printed using an offset printing press.

On-screen vs. on paper

Designers who use a computer to create artwork that will be offset printed must be aware that the colors they see on-screen will not match the colors of ink on paper.

A *process color guide* (a pre-printed book that displays different mixes of CMYK inks) is a good tool for checking the on-screen representation of a color against the way it will appear as inks on paper. Refer to these guides when choosing colors to get a reasonably accurate idea of what your on-screen colors will look like when they are coming off the printing press.

Proofs

If you have a high quality ink-jet printer, you may be able to calibrate your machine to provide an accurate proof of your jobs before sending them out for offset printing.

Usually, however, your best bet is to ask the company who is going to print your job to provide a proof of the greatest possible accuracy. Inspect this proof carefully before allowing the job to go to press; ask the printer if they foresee any problems with any of the colors; and, if you are happy with the proof, sign off on it and ask the printer to match the sample you have signed when they are printing the job.

Always talk to the printer before a job goes to press and thoroughly discuss the many variables that may come into play when a job goes to press.

Also, ask the printer if they will permit you to "press check" the job (to be present when the job is being printed and to have a say in the adjustments being made in terms of color accuracy).

Paper
This book has been printed on a coated stock—a good paper for displaying color with accuracy and consistency.

Dull, matte, satin, semigloss or high gloss papers will display colors of ink differently than this stock.

Talk to your printer about paper-related variables and look at samples of jobs printed on various stocks to get an idea of what you can expect when your project is printed.

Because printing inks are not opaque, inks printed on non-white stocks will be tinted by the paper's color. If desired, adjustments can be made to a document to compensate for the effect a paper's tint will have on the CMYK inks being used for printing.

Paper choice is a crucial factor to discuss with your printer—especially if you intend to use a non-white stock.

CMYK vs. Spot Color
CMYK colors are a mixture of various densities of cyan, magenta, yellow and black inks. Spot colors are pre-mixed inks that conform to a color-matching system such as the popular Pantone Matching System (PMS).

It is often cheaper to print a job using one or two spot colors than it is to and produce the job using CMYK inks (simply because the cost of printing often depends on the number of inks a printer has to load into the press).

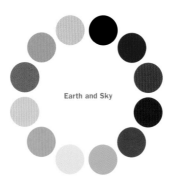

Earth and Sky

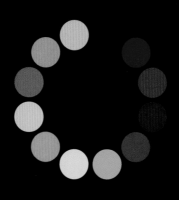

10c 10m 50y 0k
10c 30m 40y 10k

231r 216g 147b
205r 165g 138b

0c 15m 30y 10k
50c   0m   0y 60k

230r 199g 164b
51r 107g 129b

50c   0m 10y 0k
10c 70m 60y 40k

115r 206g 225b
147r   71g   63b

0c 50m 60y 30k
20c   0m   0y 100k

183r 111g   79b
18r   27g   33b

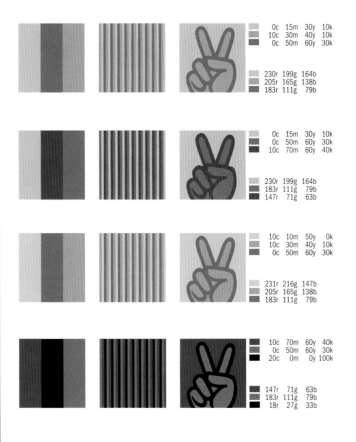

0c 15m 30y 10k
10c 30m 40y 10k
0c 50m 60y 30k

230r 199g 164b
205r 165g 138b
183r 111g 79b

0c 15m 30y 10k
0c 50m 60y 30k
10c 70m 60y 40k

230r 199g 164b
183r 111g 79b
147r 71g 63b

10c 10m 50y 0k
10c 30m 40y 10k
0c 50m 60y 30k

231r 216g 147b
205r 165g 138b
183r 111g 79b

10c 70m 60y 40k
0c 50m 60y 30k
20c 0m 0y 100k

147r 71g 63b
183r 111g 79b
18r 27g 33b

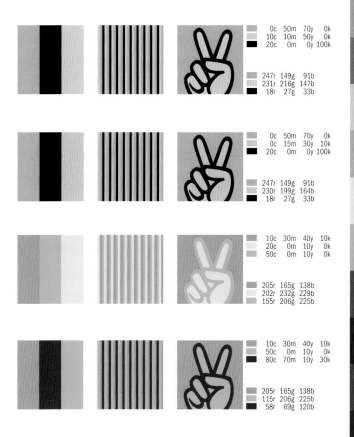

0c 50m 70y 0k
10c 10m 50y 0k
20c 0m 0y 100k

247r 149g 91b
231r 216g 147b
18r 27g 33b

0c 50m 70y 0k
0c 15m 30y 10k
20c 0m 0y 100k

247r 149g 91b
230r 199g 164b
18r 27g 33b

10c 30m 40y 10k
20c 0m 10y 0k
50c 0m 10y 0k

205r 165g 138b
202r 232g 229b
155r 206g 225b

10c 30m 40y 10k
50c 0m 10y 0k
80c 70m 10y 30k

205r 165g 138b
115r 206g 225b
58r 69g 120b

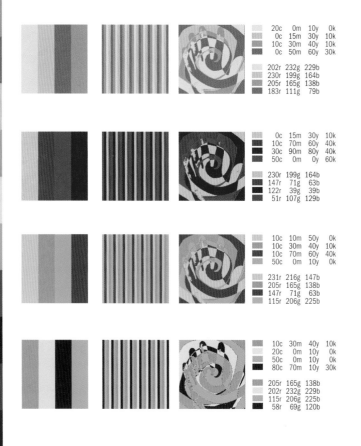

20c 0m 10y 0k
0c 15m 30y 10k
10c 30m 40y 10k
0c 50m 60y 30k

202r 232g 229b
230r 199g 164b
205r 165g 138b
183r 111g 79b

0c 15m 30y 10k
10c 70m 60y 40k
30c 90m 80y 40k
50c 0m 0y 60k

230r 199g 164b
147r 71g 63b
122r 39g 39b
51r 107g 129b

10c 10m 50y 0k
10c 30m 40y 10k
10c 70m 60y 40k
50c 0m 10y 0k

231r 216g 147b
205r 165g 138b
147r 71g 63b
115r 206g 225b

10c 30m 40y 10k
20c 0m 10y 0k
50c 0m 10y 0k
80c 70m 10y 30k

205r 165g 138b
202r 232g 229b
115r 206g 225b
58r 69g 120b

0c	15m	30y	10k
10c	10m	50y	0k
0c	50m	70y	0k
20c	0m	0y	100k

230r	199g	164b
231r	216g	147b
247r	149g	91b
18r	27g	33b

50c	0m	0y	60k
0c	50m	60y	30k
10c	70m	60y	40k
30c	90m	80y	40k

51r	107g	129b
183r	111g	79b
147r	71g	63b
122r	39g	39b

20c	0m	0y	100k
80c	70m	10y	30k
0c	50m	60y	30k
10c	70m	60y	40k

18r	27g	33b
58r	69g	120b
183r	111g	79b
147r	71g	63b

10c	30m	40y	10k
30c	90m	80y	40k
80c	70m	10y	30k
50c	0m	0y	60k

205r	165g	138b
122r	39g	39b
58r	69g	120b
51r	107g	129b

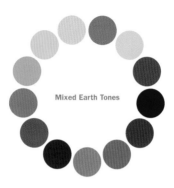

Mixed Earth Tones

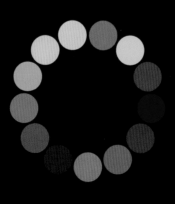

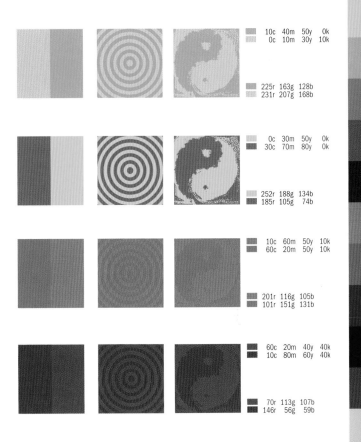

10c 40m 50y 0k
0c 10m 30y 10k

225r 163g 128b
231r 207g 168b

0c 30m 50y 0k
30c 70m 80y 0k

252r 188g 134b
185r 105g 74b

10c 60m 50y 10k
60c 20m 50y 10k

201r 116g 105b
101r 151g 131b

60c 20m 40y 40k
10c 80m 60y 40k

70r 113g 107b
146r 56g 59b

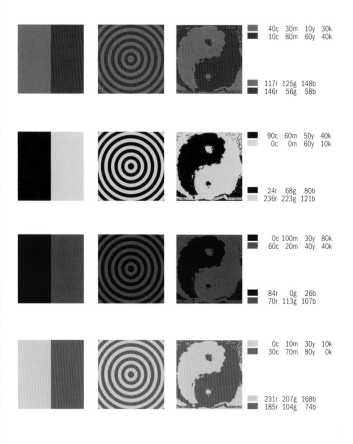

40c 30m 10y 30k
10c 80m 60y 40k

117r 125g 148b
146r 56g 58b

90c 60m 50y 40k
0c 0m 60y 10k

24r 68g 80b
236r 223g 121b

0c 100m 30y 80k
60c 20m 40y 40k

84r 0g 26b
70r 113g 107b

0c 10m 30y 10k
30c 70m 80y 0k

231r 207g 168b
185r 104g 74b

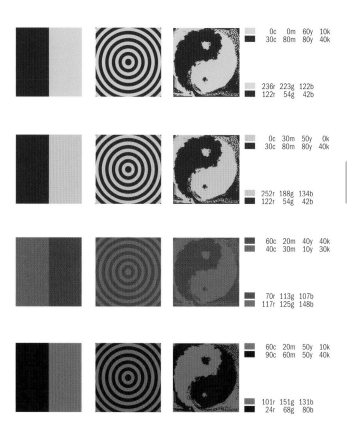

0c   0m   60y   10k
30c 80m 80y   40k

236r 223g 122b
122r   54g   42b

0c   30m   50y   0k
30c 80m   80y   40k

252r 188g 134b
122r   54g   42b

60c 20m   40y   40k
40c 30m   10y   30k

70r 113g 107b
117r 125g 148b

60c 20m   50y   10k
90c 60m   50y   40k

101r 151g 131b
 24r   68g   80b

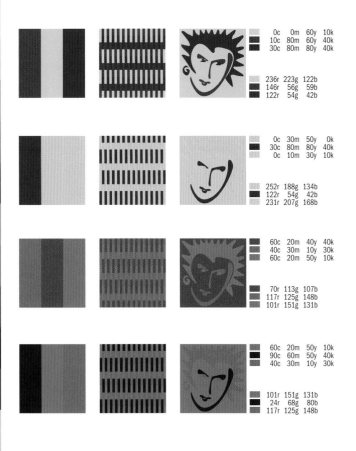

0c 0m 60y 10k
10c 80m 60y 40k
30c 80m 80y 40k

236r 223g 122b
146r 56g 59b
122r 54g 42b

0c 30m 50y 0k
30c 80m 80y 40k
0c 10m 30y 10k

252r 188g 134b
122r 54g 42b
231r 207g 168b

60c 20m 40y 40k
40c 30m 10y 30k
60c 20m 50y 10k

70r 113g 107b
117r 125g 148b
101r 151g 131b

60c 20m 50y 10k
90c 60m 50y 40k
40c 30m 10y 30k

101r 151g 131b
24r 68g 80b
117r 125g 148b

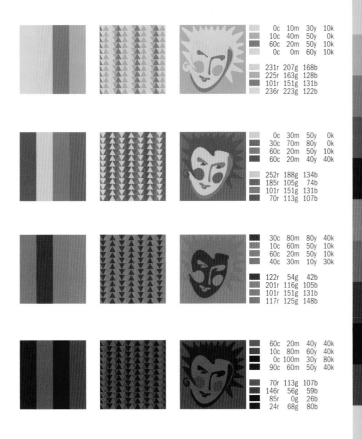

0c 10m 30y 10k
10c 40m 50y 0k
60c 20m 50y 10k
0c 0m 60y 10k

231r 207g 168b
225r 163g 128b
101r 151g 131b
236r 223g 122b

0c 30m 50y 0k
30c 70m 80y 0k
60c 20m 50y 10k
60c 20m 40y 40k

252r 188g 134b
185r 105g 74b
101r 151g 131b
70r 113g 107b

30c 80m 80y 40k
10c 60m 50y 10k
60c 20m 50y 10k
40c 30m 10y 30k

122r 54g 42b
201r 116g 105b
101r 151g 131b
117r 125g 148b

60c 20m 40y 40k
10c 80m 60y 40k
0c 100m 30y 80k
90c 60m 50y 40k

70r 113g 107b
146r 56g 59b
85r 0g 26b
24r 68g 80b

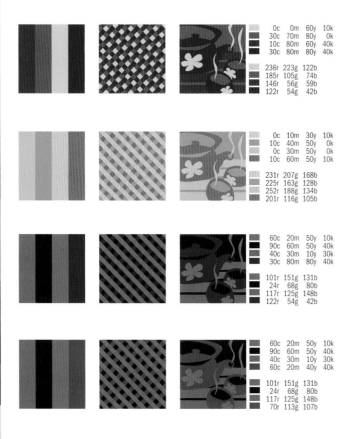

0c 0m 60y 10k
30c 70m 80y 0k
10c 80m 60y 40k
30c 80m 80y 40k

236r 223g 122b
185r 105g 74b
146r 56g 59b
122r 54g 42b

0c 10m 30y 10k
10c 40m 50y 0k
0c 30m 50y 0k
10c 60m 50y 10k

231r 207g 168b
225r 163g 128b
252r 188g 134b
201r 116g 105b

60c 20m 50y 10k
90c 60m 50y 40k
40c 30m 10y 30k
30c 80m 80y 40k

101r 151g 131b
24r 68g 80b
117r 125g 148b
122r 54g 42b

60c 20m 50y 10k
90c 60m 50y 40k
40c 30m 10y 30k
60c 20m 40y 40k

101r 151g 131b
24r 68g 80b
117r 125g 148b
70r 113g 107b

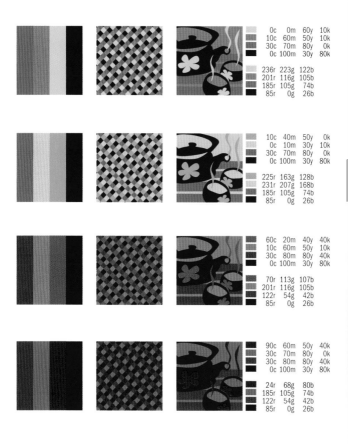

0c   0m   60y   10k
10c   60m   50y   10k
30c   70m   80y   0k
0c   100m 30y   80k

236r 223g 122b
201r 116g 105b
185r 105g   74b
85r   0g   26b

10c   40m   50y   0k
0c   10m   30y   10k
30c   70m   80y   0k
0c   100m 30y   80k

225r 163g 128b
231r 207g 168b
185r 105g   74b
85r   0g   26b

60c   20m   40y   40k
10c   60m   50y   10k
30c   80m   80y   40k
0c   100m 30y   80k

70r   113g 107b
201r 116g 105b
122r   54g   42b
85r   0g   26b

90c   60m   50y   40k
30c   70m   80y   0k
30c   80m   80y   40k
0c   100m 30y   80k

24r   68g   80b
185r 105g   74b
122r   54g   42b
85r   0g   26b

9: ACCENT

A color that stands out in relation to other nearby hues is often referred to as an "accent" color. The palettes in this chapter feature one accent color, and two or three supporting hues (colors that are generally more muted, lighter or darker than the accent color).

Images and messages of great impact can result when the right balance of restraint and power are found through content and color. Compositions that make use of an accent color to call attention to a particular visual element are often seen in works of advertising, design and fine arts. The element being highlighted might be typographic, image-oriented, or an emphasized detail within an image or block of text.

How about employing the effects of color to bring attention to a certain element in a visual project of your own? Start out by first selecting a "starring" hue, then use the examples in this chapter to generate a cast of colors that will support—and help set the stage for—your emphasized hue.

Brainstorming Accent/
Supporting Colors:

Consider contrast: Intense against muted, light against dark, color against gray.

A hue's muted complement helps bring attention to the purer tone.

When a hue is placed next to a less saturated shade of itself, the original hue looks more intense than before.

Attention can be directed to an intense accent color by surrounding it with muted tones.

Sometimes less is more; sometimes less is a bore: Should your accent color be used sparingly or prominently?

The computer makes experimentation easy and quick: Explore your options when it comes to deciding how—and how much—to use an accent color in a layout or illustration.

To access the downloadable digital swatches for the palettes in *Color Index, Revised Edition,* visit **www.mydesignshop.com/swatches**.

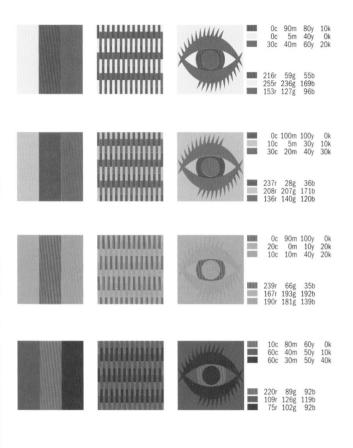

0c 90m 80y 10k
0c 5m 40y 0k
30c 40m 60y 20k

216r 59g 55b
255r 236g 169b
153r 127g 96b

0c 100m 100y 0k
10c 5m 30y 10k
30c 20m 40y 30k

237r 28g 36b
208r 207g 171b
136r 140g 120b

0c 90m 100y 0k
20c 0m 10y 20k
10c 10m 40y 20k

239r 66g 35b
167r 193g 192b
190r 181g 139b

10c 80m 60y 0k
60c 40m 50y 10k
60c 30m 50y 40k

220r 89g 92b
109r 126g 119b
75r 102g 92b

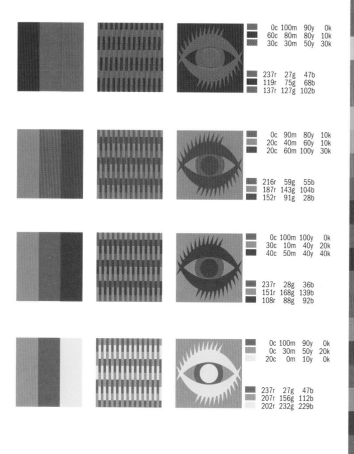

0c 100m 90y 0k
60c 80m 80y 10k
30c 30m 50y 30k

237r 27g 47b
119r 75g 68b
137r 127g 102b

0c 90m 80y 10k
20c 40m 60y 10k
20c 60m 100y 30k

216r 59g 55b
187r 143g 104b
152r 91g 28b

0c 100m 100y 0k
30c 10m 40y 20k
40c 50m 40y 40k

237r 28g 36b
151r 168g 139b
108r 88g 92b

0c 100m 90y 0k
0c 30m 50y 20k
20c 0m 10y 0k

237r 27g 47b
207r 156g 112b
202r 232g 229b

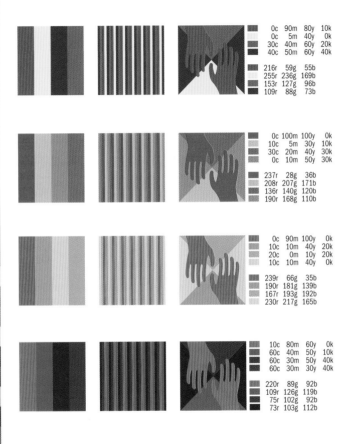

0c 90m 80y 10k
0c 5m 40y 0k
30c 40m 60y 20k
40c 50m 60y 40k

216r 59g 55b
255r 236g 169b
153r 127g 96b
109r 88g 73b

0c 100m 100y 0k
10c 5m 30y 10k
30c 20m 40y 30k
0c 10m 50y 30k

237r 28g 36b
208r 207g 171b
136r 140g 120b
190r 168g 110b

0c 90m 100y 0k
10c 10m 40y 20k
20c 0m 10y 20k
10c 10m 40y 0k

239r 66g 35b
190r 181g 139b
167r 193g 192b
230r 217g 165b

10c 80m 60y 0k
60c 40m 50y 10k
60c 30m 50y 40k
60c 30m 30y 40k

220r 89g 92b
109r 126g 119b
75r 102g 92b
73r 103g 112b

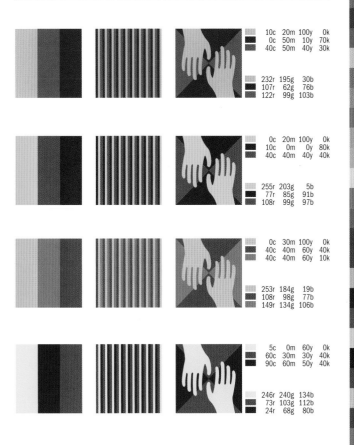

10c 20m 100y 0k
0c 50m 10y 70k
40c 50m 40y 30k

232r 195g 30b
107r 62g 76b
122r 99g 103b

0c 20m 100y 0k
10c 0m 0y 80k
40c 40m 40y 40k

255r 203g 5b
77r 85g 91b
108r 99g 97b

0c 30m 100y 0k
40c 40m 60y 40k
40c 40m 60y 10k

253r 184g 19b
108r 98g 77b
149r 134g 106b

5c 0m 60y 0k
60c 30m 30y 40k
90c 60m 50y 40k

246r 240g 134b
73r 103g 112b
24r 68g 80b

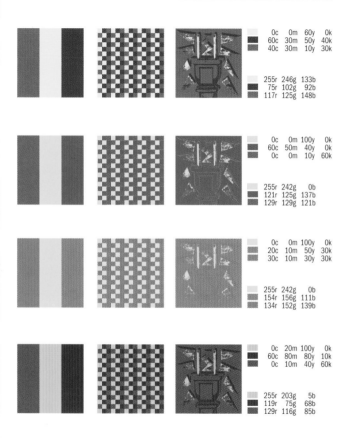

	0c	0m	60y	0k
	60c	30m	50y	40k
	40c	30m	10y	30k

	255r	246g	133b
	75r	102g	92b
	117r	125g	148b

	0c	0m	100y	0k
	60c	50m	40y	0k
	0c	0m	10y	60k

	255r	242g	0b
	121r	125g	137b
	129r	129g	121b

	0c	0m	100y	0k
	20c	10m	50y	30k
	30c	10m	30y	30k

	255r	242g	0b
	154r	156g	111b
	134r	152g	139b

	0c	20m	100y	0k
	60c	80m	80y	10k
	0c	10m	40y	60k

	255r	203g	5b
	119r	75g	68b
	129r	116g	85b

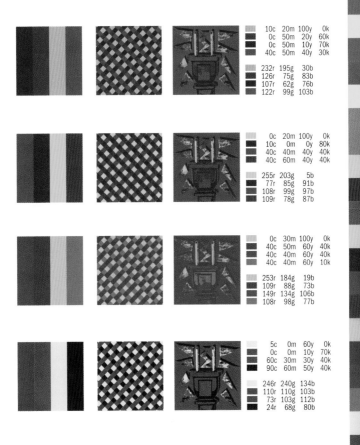

	10c	20m	100y	0k
	0c	50m	20y	60k
	0c	50m	10y	70k
	40c	50m	40y	30k

	232r	195g	30b
	126r	75g	83b
	107r	62g	76b
	122r	99g	103b

	0c	20m	100y	0k
	10c	0m	0y	80k
	40c	40m	40y	40k
	40c	60m	40y	40k

	255r	203g	5b
	77r	85g	91b
	108r	99g	97b
	109r	78g	87b

	0c	30m	100y	0k
	40c	50m	60y	40k
	40c	40m	60y	40k
	40c	40m	60y	10k

	253r	184g	19b
	109r	88g	73b
	149r	134g	106b
	108r	98g	77b

	5c	0m	60y	0k
	0c	0m	10y	70k
	60c	30m	30y	40k
	90c	60m	50y	40k

	246r	240g	134b
	110r	110g	103b
	73r	103g	112b
	24r	68g	80b

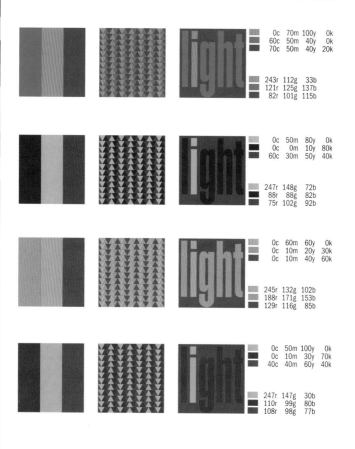

0c 70m 100y 0k
60c 50m 40y 0k
70c 50m 40y 20k

243r 112g 33b
121r 125g 137b
82r 101g 115b

0c 50m 80y 0k
0c 0m 10y 80k
60c 30m 50y 40k

247r 148g 72b
88r 88g 82b
75r 102g 92b

0c 60m 60y 0k
0c 10m 20y 30k
0c 10m 40y 60k

245r 132g 102b
188r 171g 153b
129r 116g 85b

0c 50m 100y 0k
0c 10m 30y 70k
40c 40m 60y 40k

247r 147g 30b
110r 99g 80b
108r 98g 77b

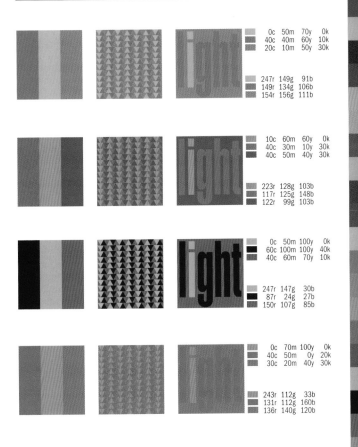

0c	50m	70y	0k
40c	40m	60y	10k
20c	10m	50y	30k

247r 149g 91b
149r 134g 106b
154r 156g 111b

10c	60m	60y	0k
40c	30m	10y	30k
40c	50m	40y	30k

223r 128g 103b
117r 125g 148b
122r 99g 103b

0c	50m	100y	0k
60c	100m	100y	40k
40c	60m	70y	10k

247r 147g 30b
87r 24g 27b
150r 107g 85b

0c	70m	100y	0k
40c	50m	0y	20k
30c	20m	40y	30k

243r 112g 33b
131r 112g 160b
136r 140g 120b

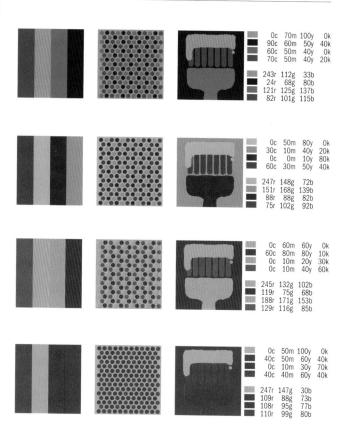

0c 70m 100y 0k
90c 60m 50y 40k
60c 50m 40y 0k
70c 50m 40y 20k

243r 112g 33b
24r 68g 80b
121r 125g 137b
82r 101g 115b

0c 50m 80y 0k
30c 10m 40y 20k
0c 0m 10y 80k
60c 30m 50y 40k

247r 148g 72b
151r 168g 139b
88r 88g 82b
75r 102g 92b

0c 60m 60y 0k
60c 80m 80y 10k
0c 10m 20y 30k
0c 10m 40y 60k

245r 132g 102b
119r 75g 68b
188r 171g 153b
129r 116g 85b

0c 50m 100y 0k
40c 50m 60y 40k
0c 10m 30y 70k
40c 40m 60y 40k

247r 147g 30b
109r 88g 73b
108r 95g 77b
110r 99g 80b

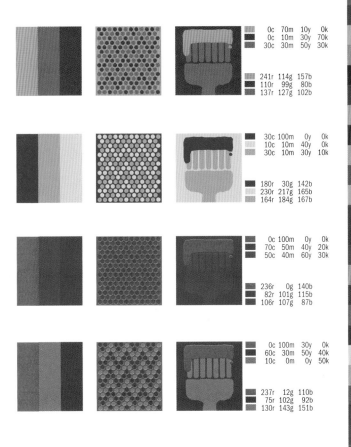

	0c	70m	10y	0k
	0c	10m	30y	70k
	30c	30m	50y	30k

	241r	114g	157b
	110r	99g	80b
	137r	127g	102b

	30c	100m	0y	0k
	10c	10m	40y	0k
	30c	10m	30y	10k

	180r	30g	142b
	230r	217g	165b
	164r	184g	167b

	0c	100m	0y	0k
	70c	50m	40y	20k
	50c	40m	60y	30k

	236r	0g	140b
	82r	101g	115b
	106r	107g	87b

	0c	100m	30y	0k
	60c	30m	50y	40k
	10c	0m	0y	50k

	237r	12g	110b
	75r	102g	92b
	130r	143g	151b

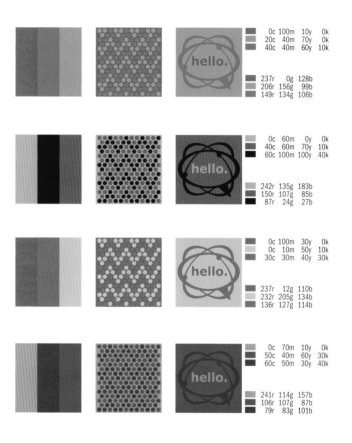

0c 100m 10y 0k
20c 40m 70y 0k
40c 40m 60y 10k

237r 0g 128b
206r 156g 99b
149r 134g 106b

0c 60m 0y 0k
40c 60m 70y 10k
60c 100m 100y 40k

242r 135g 183b
150r 107g 85b
87r 24g 27b

0c 100m 30y 0k
0c 10m 50y 10k
30c 30m 40y 30k

237r 12g 110b
232r 205g 134b
136r 127g 114b

0c 70m 10y 0k
50c 40m 60y 30k
60c 50m 30y 40k

241r 114g 157b
106r 107g 87b
79r 83g 101b

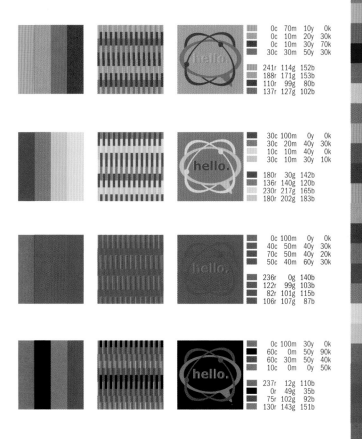

0c 70m 10y 0k
0c 10m 20y 30k
0c 10m 30y 70k
30c 30m 50y 30k

241r 114g 152b
188r 171g 153b
110r 99g 80b
137r 127g 102b

30c 100m 0y 0k
30c 20m 40y 30k
10c 10m 40y 0k
30c 10m 30y 10k

180r 30g 142b
136r 140g 120b
230r 217g 165b
180r 202g 183b

0c 100m 0y 0k
40c 50m 40y 30k
70c 50m 40y 20k
50c 40m 60y 30k

236r 0g 140b
122r 99g 103b
82r 101g 115b
106r 107g 87b

0c 100m 30y 0k
60c 0m 50y 90k
60c 30m 50y 40k
10c 0m 0y 50k

237r 12g 110b
0r 49g 35b
75r 102g 92b
130r 143g 151b

0c	100m	100y	0k
60c	40m	50y	10k
0c	10m	50y	30k
60c	30m	30y	40k

223r	0g	41b
113r	127g	118b
193r	176g	113b
80r	102g	110b

After the search for a palette has been narrowed or finalized, spend time experimenting with different ways of assigning its colors to your image or design.

Use the computer to try out variations. Take advantage of digital media's ability to make creative exploration easy and quick—you may be surprised how often you find solutions that are as effective as they are unanticipated.

Here, a set of four colors has been used to color the samples at right. Notice how the look and feel of the image changes as the colors' roles are shifted.

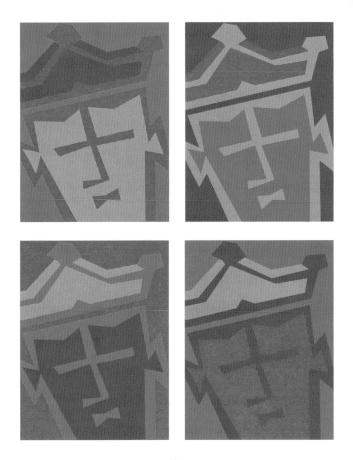

30c 70m 10y 0k
30c 30m 40y 30k
0c 10m 50y 10k

181r 105g 157b
136r 127g 114b
232r 205g 134b

40c 80m 0y 10k
60c 0m 50y 90k
30c 60m 90y 40k

147r 76g 147b
0r 49g 35b
122r 79g 36b

70c 70m 0y 0k
0c 20m 60y 20k
10c 10m 30y 10k

100r 96g 170b
210r 171g 103b
207r 199g 168b

20c 50m 10y 0k
40c 50m 30y 40k
70c 50m 30y 40k

201r 142g 176b
108r 89g 101b
63r 81g 101b

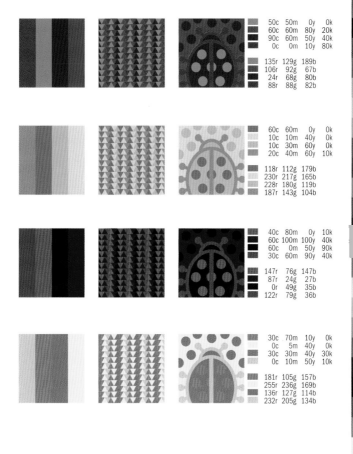

50c	50m	0y	0k
60c	60m	80y	20k
90c	60m	50y	40k
0c	0m	10y	80k

135r 129g 189b
106r 92g 67b
24r 68g 80b
88r 88g 82b

60c	60m	0y	0k
10c	10m	40y	0k
10c	30m	60y	0k
20c	40m	60y	10k

118r 112g 179b
230r 217g 165b
228r 180g 119b
187r 143g 104b

40c	80m	0y	10k
60c	100m	100y	40k
60c	0m	50y	90k
30c	60m	90y	40k

147r 76g 147b
87r 24g 27b
0r 49g 35b
122r 79g 36b

30c	70m	10y	0k
0c	5m	40y	0k
30c	30m	40y	30k
0c	10m	50y	10k

181r 105g 157b
255r 236g 169b
136r 127g 114b
232r 205g 134b

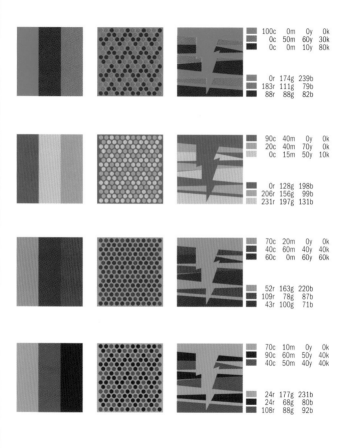

100c 0m 0y 0k
0c 50m 60y 30k
0c 0m 10y 80k

0r 174g 239b
183r 111g 79b
88r 88g 82b

90c 40m 0y 0k
20c 40m 70y 0k
0c 15m 50y 10k

0r 128g 198b
206r 156g 99b
231r 197g 131b

70c 20m 0y 0k
40c 60m 40y 40k
60c 0m 60y 60k

52r 163g 220b
109r 78g 87b
43r 100g 71b

70c 10m 0y 0k
90c 60m 50y 40k
40c 50m 40y 40k

24r 177g 231b
24r 68g 80b
108r 88g 92b

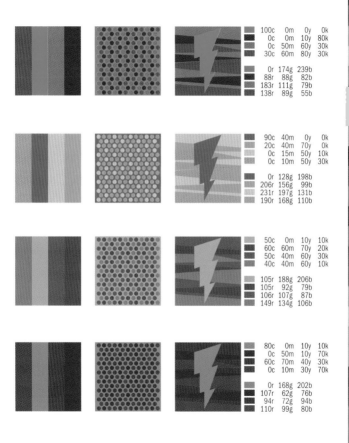

100c	0m	0y	0k
0c	0m	10y	80k
0c	50m	60y	30k
30c	60m	80y	30k
0r	174g	239b	
88r	88g	82b	
183r	111g	79b	
138r	89g	55b	

90c	40m	0y	0k
20c	40m	70y	0k
0c	15m	50y	10k
0c	10m	50y	30k
0r	128g	198b	
206r	156g	99b	
231r	197g	131b	
190r	168g	110b	

50c	0m	10y	10k
60c	60m	70y	20k
50c	40m	60y	30k
40c	40m	60y	10k
105r	188g	206b	
105r	92g	79b	
106r	107g	87b	
149r	134g	106b	

80c	0m	10y	10k
0c	50m	10y	70k
60c	70m	40y	30k
0c	10m	30y	70k
0r	168g	202b	
107r	62g	76b	
94r	72g	94b	
110r	99g	80b	

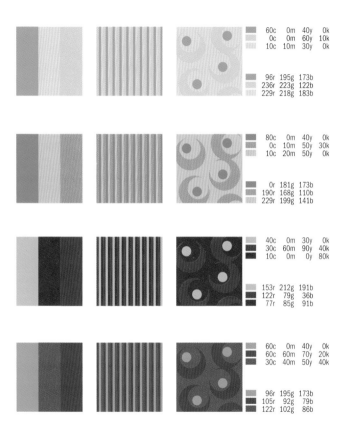

60c 0m 40y 0k
0c 0m 60y 10k
10c 10m 30y 0k

96r 195g 173b
236r 223g 122b
229r 218g 183b

80c 0m 40y 0k
0c 10m 50y 30k
10c 20m 50y 0k

0r 181g 173b
190r 168g 110b
229r 199g 141b

40c 0m 30y 0k
30c 60m 90y 40k
10c 0m 0y 80k

153r 212g 191b
122r 79g 36b
77r 85g 91b

60c 0m 40y 0k
60c 60m 70y 20k
30c 40m 50y 40k

96r 195g 173b
105r 92g 79b
122r 102g 86b

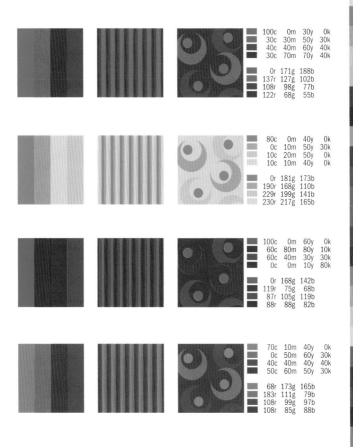

100c	0m	30y	0k
30c	30m	50y	30k
40c	40m	60y	40k
30c	70m	70y	40k
0r	171g	188b
137r	127g	102b
108r	98g	77b
122r	68g	55b

80c	0m	40y	0k
0c	10m	50y	30k
10c	20m	50y	0k
10c	10m	40y	0k
0r	181g	173b
190r	168g	110b
229r	199g	141b
230r	217g	165b

100c	0m	60y	0k
60c	80m	80y	10k
60c	40m	30y	30k
0c	0m	10y	80k
0r	168g	142b
119r	75g	68b
87r	105g	119b
88r	88g	82b

70c	10m	40y	0k
0c	50m	60y	30k
40c	40m	40y	40k
50c	60m	50y	30k
68r	173g	165b
183r	111g	79b
108r	99g	97b
108r	85g	88b

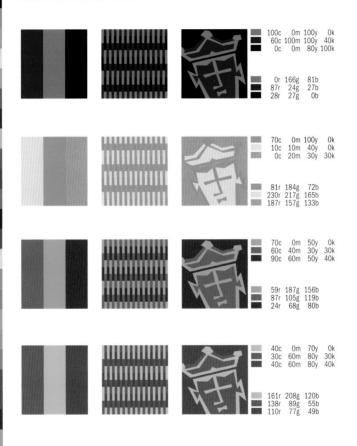

100c 0m 100y 0k
60c 100m 100y 40k
0c 0m 80y 100k

0r 166g 81b
87r 24g 27b
28r 27g 0b

70c 0m 100y 0k
10c 10m 40y 0k
0c 20m 30y 30k

81r 184g 72b
230r 217g 165b
187r 157g 133b

70c 0m 50y 0k
60c 40m 30y 30k
90c 60m 50y 40k

59r 187g 156b
87r 105g 119b
24r 68g 80b

40c 0m 70y 0k
30c 60m 80y 30k
40c 60m 80y 40k

161r 208g 120b
138r 89g 55b
110r 77g 49b

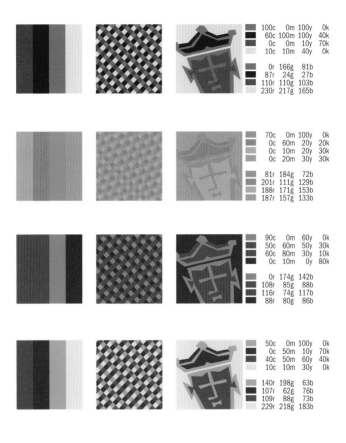

100c	0m 100y 0k
60c	100m 100y 40k
0c	0m 10y 70k
10c	10m 40y 0k
0r	166g 81b
87r	24g 27b
110r	110g 103b
230r	217g 165b

70c	0m 100y 0k
0c	60m 20y 20k
0c	10m 20y 30k
0c	20m 30y 30k
81r	184g 72b
201r	111g 129b
188r	171g 153b
187r	157g 133b

90c	0m 60y 0k
50c	60m 50y 30k
60c	80m 30y 10k
0c	10m 0y 80k
0r	174g 142b
108r	85g 88b
116r	74g 117b
88r	80g 86b

50c	0m 100y 0k
0c	50m 10y 70k
40c	50m 60y 40k
10c	10m 30y 0k
140r	198g 63b
107r	62g 76b
109r	88g 73b
229r	218g 183b

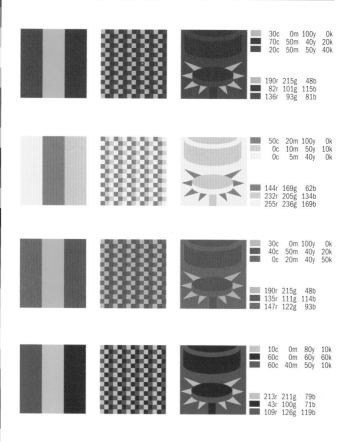

30c   0m 100y   0k
70c   50m   40y   20k
20c   50m   50y   40k

190r 215g   48b
 82r 101g 115b
136r   93g   81b

50c   20m 100y   0k
 0c   10m   50y   10k
 0c   5m   40y   0k

144r 169g   62b
232r 205g 134b
255r 236g 169b

30c   0m 100y   0k
40c   50m   40y   20k
 0c   20m   40y   50k

190r 215g   48b
135r 111g 114b
147r 122g   93b

10c   0m   80y   10k
60c   0m   60y   60k
60c   40m   50y   10k

213r 211g   79b
 43r 100g   71b
109r 126g 119b

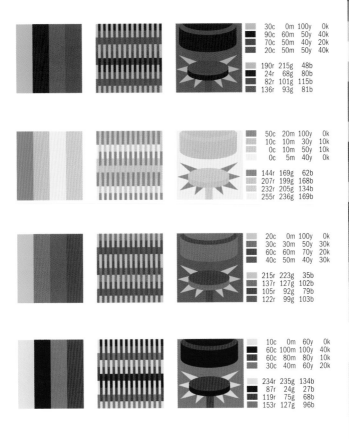

30c	0m 100y 0k
90c	60m 50y 40k
70c	50m 40y 20k
20c	50m 50y 40k
190r	215g 48b
24r	68g 80b
82r	101g 115b
136r	93g 81b

50c	20m 100y 0k
10c	10m 30y 10k
0c	10m 50y 10k
0c	5m 40y 0k
144r	169g 62b
207r	199g 168b
232r	205g 134b
255r	236g 169b

20c	0m 100y 0k
30c	30m 50y 30k
60c	60m 70y 20k
40c	50m 40y 30k
215r	223g 35b
137r	127g 102b
105r	92g 79b
122r	99g 103b

10c	0m 60y 0k
60c	100m 100y 40k
60c	80m 80y 10k
30c	40m 60y 20k
234r	235g 134b
87r	24g 27b
119r	75g 68b
153r	127g 96b

10: LOGO IDEAS

Businesses often choose an economical color presentation for their logo that includes black plus one other color as the foundation of their visual identity. Use this chapter to help find simple color ideas for logo projects. (Or, use it to find color combinations for other visual projects that might be well suited for a palette of black, grays and one color.)

Note: this book has been printed using four-color process printing. If you find a color combination on the pages ahead that appeals to you—and want to apply it to items such as stationery or business cards—you may want to find a spot color (from a pre-mixed ink system such as Pantone's) to use in place of the CMYK mixes shown here. This will probably be the most cost-effective way to proceed.

Brainstorming Colors
for Logos:

*Which colors best support
the look your client wishes
to project?*

*Should more than one hue be
chosen to color the logo you
are working on?*

*Should a palette of supporting
colors be established for other
material which will be used by
the client?*

To access the downloadable
digital swatches for the palettes
in *Color Index, Revised Edition*, visit
www.mydesignshop.com/swatches.

*Gain a better understanding of
the color preferences of your
client's customers by taking a
good look at the media these
customers respond to.*

*Does your client understand
that their personal color pref-
erences may not match the
tastes of their customers?
How can this notion be tact-
fully imparted to the client?*

*What types of media will the
client be applying their corpo-
rate color(s) to? Will the colors
you offer them work well within
these media?*

0c	0m	100y	0k
0c	0m	0y	40k
0c	0m	0y	60k
0c	0m	0y	100k

255r 242g 0b
167r 169g 133b
128r 130g 133b
35r 31g 32b

0c	20m	100y	0k
0c	0m	0y	40k
0c	0m	0y	60k
0c	0m	0y	100k

255r 203g 5b
167r 169g 133b
128r 130g 133b
35r 31g 32b

0c	40m	100y	0k
0c	0m	0y	40k
0c	0m	0y	60k
0c	0m	0y	100k

250r 166g 26b
167r 169g 133b
128r 130g 133b
35r 31g 32b

0c	0m	60y	0k
0c	0m	0y	40k
0c	0m	0y	60k
0c	0m	0y	100k

255r 246g 133b
167r 169g 133b
128r 130g 133b
35r 31g 32b

	0c	50m	100y	0k
	0c	0m	0y	40k
	0c	0m	0y	60k
	0c	0m	0y	100k

247r 147g 30b
167r 169g 133b
128r 130g 133b
35r 31g 32b

	0c	60m	100y	0k
	0c	0m	0y	40k
	0c	0m	0y	60k
	0c	0m	0y	100k

245r 130g 32b
167r 169g 133b
128r 130g 133b
35r 31g 32b

	0c	50m	70y	0k
	0c	0m	0y	40k
	0c	0m	0y	60k
	0c	0m	0y	100k

247r 149g 91b
167r 169g 133b
128r 130g 133b
35r 31g 32b

	10c	20m	100y	0k
	0c	0m	0y	40k
	0c	0m	0y	60k
	0c	0m	0y	100k

232r 195g 30b
167r 169g 133b
128r 130g 133b
35r 31g 32b

	0c	60m	60y	0k
	0c	0m	0y	40k
	0c	0m	0y	60k
	0c	0m	0y	100k

245r 132g 102b
167r 169g 133b
128r 130g 133b
35r 31g 32b

	0c	80m	100y	0k
	0c	0m	0y	40k
	0c	0m	0y	60k
	0c	0m	0y	100k

241r 90g 34b
167r 169g 133b
128r 130g 133b
35r 31g 32b

	0c	50m	80y	0k
	0c	0m	0y	40k
	0c	0m	0y	60k
	0c	0m	0y	100k

247r 148g 72b
167r 169g 133b
128r 130g 133b
35r 31g 32b

	0c	60m	100y	20k
	0c	0m	0y	40k
	0c	0m	0y	60k
	0c	0m	0y	100k

202r 108g 24b
167r 169g 133b
128r 130g 133b
35r 31g 32b

10c	70m	40y	0k
0c	0m	0y	40k
0c	0m	0y	60k
0c	0m	0y	100k

221r	110g	122b
167r	169g	133b
128r	130g	133b
35r	31g	32b

10c	100m	100y	0k
0c	0m	0y	40k
0c	0m	0y	60k
0c	0m	0y	100k

218r	33g	40b
167r	169g	133b
128r	130g	133b
35r	31g	32b

30c	100m	80y	10k
0c	0m	0y	40k
0c	0m	0y	60k
0c	0m	0y	100k

166r	35g	58b
167r	169g	133b
128r	130g	133b
35r	31g	32b

10c	80m	60y	0k
0c	0m	0y	40k
0c	0m	0y	60k
0c	0m	0y	100k

220r	89g	92b
167r	169g	133b
128r	130g	133b
35r	31g	32b

10c	50m	60y	0k
0c	0m	0y	40k
0c	0m	0y	60k
0c	0m	0y	100k

224r	144g	108b
167r	169g	133b
128r	130g	133b
35r	31g	32b

10c	60m	70y	0k
0c	0m	0y	40k
0c	0m	0y	60k
0c	0m	0y	100k

223r	127g	89b
167r	169g	133b
128r	130g	133b
35r	31g	32b

10c	60m	60y	0k
0c	0m	0y	40k
0c	0m	0y	60k
0c	0m	0y	100k

223r	128g	103b
167r	169g	133b
128r	130g	133b
35r	31g	32b

0c	70m	70y	10k
0c	0m	0y	40k
0c	0m	0y	60k
0c	0m	0y	100k

220r	102g	75b
167r	169g	133b
128r	130g	133b
35r	31g	32b

40c	60m	70y	10k
0c	0m	0y	40k
0c	0m	0y	60k
0c	0m	0y	100k

150r	107g	85b
167r	169g	133b
128r	130g	133b
35r	31g	32b

30c	70m	70y	40k
0c	0m	0y	40k
0c	0m	0y	60k
0c	0m	0y	100k

122r	68g	55b
167r	169g	133b
128r	130g	133b
35r	31g	32b

0c	60m	60y	30k
0c	0m	0y	40k
0c	0m	0y	60k
0c	0m	0y	100k

181r	98g	75b
167r	169g	133b
128r	130g	133b
35r	31g	32b

0c	30m	50y	0k
0c	0m	0y	40k
0c	0m	0y	60k
0c	0m	0y	100k

252r	188g	134b
167r	169g	133b
128r	130g	133b
35r	31g	32b

 circle

 circle

 circle

0c	100m	30y	0k
0c	0m	0y	40k
0c	0m	0y	60k
0c	0m	0y	100k

237r	12g	110b
167r	169g	133b
128r	130g	133b
35r	31g	32b

 circle

 circle

 circle

30c	100m	40y	0k
0c	0m	0y	40k
0c	0m	0y	60k
0c	0m	0y	100k

182r	36g	103b
167r	169g	133b
128r	130g	133b
35r	31g	32b

 circle

 circle

 circle

0c	70m	10y	0k
0c	0m	0y	40k
0c	0m	0y	60k
0c	0m	0y	100k

241r	114g	157b
167r	169g	133b
128r	130g	133b
35r	31g	32b

 circle

 circle

 circle

0c	40m	0y	0k
0c	0m	0y	40k
0c	0m	0y	60k
0c	0m	0y	100k

246r	173g	205b
167r	169g	133b
128r	130g	133b
35r	31g	32b

30c	70m	40y	0k
0c	0m	0y	40k
0c	0m	0y	60k
0c	0m	0y	100k

183r	105g	123b
167r	169g	133b
128r	130g	133b
35r	31g	32b

20c	60m	40y	10k
0c	0m	0y	40k
0c	0m	0y	60k
0c	0m	0y	100k

184r	113g	118b
167r	169g	133b
128r	130g	133b
35r	31g	32b

20c	50m	30y	10k
0c	0m	0y	40k
0c	0m	0y	60k
0c	0m	0y	100k

184r	129g	136b
167r	169g	133b
128r	130g	133b
35r	31g	32b

0c	70m	40y	40k
0c	0m	0y	40k
0c	0m	0y	60k
0c	0m	0y	100k

161r	73g	80b
167r	169g	133b
128r	130g	133b
35r	31g	32b

70c	100m	0y	0k
0c	0m	0y	40k
0c	0m	0y	60k
0c	0m	0y	100k

112r	44g	145b
167r	169g	133b
128r	130g	133b
35r	31g	32b

50c	100m	0y	0k
0c	0m	0y	40k
0c	0m	0y	60k
0c	0m	0y	100k

145r	39g	143b
167r	169g	133b
128r	130g	133b
35r	31g	32b

40c	90m	20y	0k
0c	0m	0y	40k
0c	0m	0y	60k
0c	0m	0y	100k

164r	64g	130b
167r	169g	133b
128r	130g	133b
35r	31g	32b

30c	100m	10y	0k
0c	0m	0y	40k
0c	0m	0y	60k
0c	0m	0y	100k

181r	30g	130b
167r	169g	133b
128r	130g	133b
35r	31g	32b

30c	30m	0y	0k
0c	0m	0y	40k
0c	0m	0y	60k
0c	0m	0y	100k

176r	171g	213b
167r	169g	133b
128r	130g	133b
35r	31g	32b

60c	60m	0y	0k
0c	0m	0y	40k
0c	0m	0y	60k
0c	0m	0y	100k

118r	112g	179b
167r	169g	133b
128r	130g	133b
35r	31g	32b

100c	80m	0y	0k
0c	0m	0y	40k
0c	0m	0y	60k
0c	0m	0y	100k

3r	78g	162b
167r	169g	133b
128r	130g	133b
35r	31g	32b

30c	40m	10y	20k
0c	0m	0y	40k
0c	0m	0y	60k
0c	0m	0y	100k

150r	129g	156b
167r	169g	133b
128r	130g	133b
35r	31g	32b

100c	100m	0y	0k
0c	0m	0y	40k
0c	0m	0y	60k
0c	0m	0y	100k

46r	49g	146b
167r	169g	133b
128r	130g	133b
35r	31g	32b

90c	60m	0y	10k
0c	0m	0y	40k
0c	0m	0y	60k
0c	0m	0y	100k

18r	95g	163b
167r	169g	133b
128r	130g	133b
35r	31g	32b

100c	0m	0y	0k
0c	0m	0y	40k
0c	0m	0y	60k
0c	0m	0y	100k

0r	174g	239b
167r	169g	133b
128r	130g	133b
35r	31g	32b

70c	20m	0y	0k
0c	0m	0y	40k
0c	0m	0y	60k
0c	0m	0y	100k

52r	163g	220b
167r	169g	133b
128r	130g	133b
35r	31g	32b

circle

circle

circle

	50c	0m	10y	0k
	0c	0m	0y	40k
	0c	0m	0y	60k
	0c	0m	0y	100k

	115r	206g	225b
	167r	169g	133b
	128r	130g	133b
	35r	31g	32b

circle

circle

circle

	80c	0m	10y	10k
	0c	0m	0y	40k
	0c	0m	0y	60k
	0c	0m	0y	100k

	0r	168g	202b
	167r	169g	133b
	128r	130g	133b
	35r	31g	32b

circle

circle

circle

	50c	40m	20y	0k
	0c	0m	0y	40k
	0c	0m	0y	60k
	0c	0m	0y	100k

	137r	144g	171b
	167r	169g	133b
	128r	130g	133b
	35r	31g	32b

circle

circle

circle

	70c	50m	30y	40k
	0c	0m	0y	40k
	0c	0m	0y	60k
	0c	0m	0y	100k

	63r	81g	101b
	167r	169g	133b
	128r	130g	133b
	35r	31g	32b

100c	30m	40y	20k
0c	0m	0y	40k
0c	0m	0y	60k
0c	0m	0y	100k

0r	113g	127b
167r	169g	133b
128r	130g	133b
35r	31g	32b

100c	0m	40y	0k
0c	0m	0y	40k
0c	0m	0y	60k
0c	0m	0y	100k

0r	170g	173b
167r	169g	133b
128r	130g	133b
35r	31g	32b

80c	0m	40y	0k
0c	0m	0y	40k
0c	0m	0y	60k
0c	0m	0y	100k

0r	181g	173b
167r	169g	133b
128r	130g	133b
35r	31g	32b

100c	0m	50y	0k
0c	0m	0y	40k
0c	0m	0y	60k
0c	0m	0y	100k

0r	169g	157b
167r	169g	133b
128r	130g	133b
35r	31g	32b

60c	30m	30y	40k
0c	0m	0y	40k
0c	0m	0y	60k
0c	0m	0y	100k

73r	103g	112b
167r	169g	133b
128r	130g	133b
35r	31g	32b

circle circle circle

60c	0m	30y	30k
0c	0m	0y	40k
0c	0m	0y	60k
0c	0m	0y	100k

66r	149g	145b
167r	169g	133b
128r	130g	133b
35r	31g	32b

circle circle circle

60c	20m	50y	10k
0c	0m	0y	40k
0c	0m	0y	60k
0c	0m	0y	100k

101r	151g	131b
167r	169g	133b
128r	130g	133b
35r	31g	32b

circle circle circle

30c	10m	30y	10k
0c	0m	0y	40k
0c	0m	0y	60k
0c	0m	0y	100k

164r	184g	167b
167r	169g	133b
128r	130g	133b
35r	31g	32b

circle circle circle

■	100c 40m 80y 20k	
	0c 0m 0y 40k	
	0c 0m 0y 60k	
■	0c 0m 0y 100k	

	0r 102g 78b	
	167r 169g 133b	
	128r 130g 133b	
	35r 31g 32b	

■	100c 0m 100y 30k	
	0c 0m 0y 40k	
	0c 0m 0y 60k	
■	0c 0m 0y 100k	

	0r 127g 62b	
	167r 169g 133b	
	128r 130g 133b	
	35r 31g 32b	

	100c 0m 100y 0k	
	0c 0m 0y 40k	
	0c 0m 0y 60k	
■	0c 0m 0y 100k	

	0r 166g 81b	
	167r 169g 133b	
	128r 130g 133b	
	35r 31g 32b	

	70c 0m 100y 0k	
	0c 0m 0y 40k	
	0c 0m 0y 60k	
■	0c 0m 0y 100k	

	81r 184g 72b	
	167r 169g 133b	
	128r 130g 133b	
	35r 31g 32b	

circle

circle

circle

100c	60m	100y	40k
0c	0m	0y	40k
0c	0m	0y	60k
0c	0m	0y	100k

0r	66g	40b
167r	169g	133b
128r	130g	133b
35r	31g	32b

circle

circle

circle

50c	40m	60y	30k
0c	0m	0y	40k
0c	0m	0y	60k
0c	0m	0y	100k

106r	107g	87b
167r	169g	133b
128r	130g	133b
35r	31g	32b

circle

circle

circle

30c	0m	60y	0k
0c	0m	0y	40k
0c	0m	0y	60k
0c	0m	0y	100k

185r	217g	137b
167r	169g	133b
128r	130g	133b
35r	31g	32b

circle

circle

circle

70c	0m	50y	0k
0c	0m	0y	40k
0c	0m	0y	60k
0c	0m	0y	100k

59r	187g	156b
167r	169g	133b
128r	130g	133b
35r	31g	32b

	50c	0m	100y	0k
	0c	0m	0y	40k
	0c	0m	0y	60k
	0c	0m	0y	100k

	140r	198g	63b
	167r	169g	133b
	128r	130g	133b
	35r	31g	32b

	30c	0m	100y	0k
	0c	0m	0y	40k
	0c	0m	0y	60k
	0c	0m	0y	100k

	190r	215g	48b
	167r	169g	133b
	128r	130g	133b
	35r	31g	32b

	20c	0m	100y	0k
	0c	0m	0y	40k
	0c	0m	0y	60k
	0c	0m	0y	100k

	215r	223g	35b
	167r	169g	133b
	128r	130g	133b
	35r	31g	32b

	50c	20m	100y	0k
	0c	0m	0y	40k
	0c	0m	0y	60k
	0c	0m	0y	100k

	144r	169g	62b
	167r	169g	133b
	128r	130g	133b
	35r	31g	32b

circle circle circle

10c	0m	60y	0k
0c	0m	0y	40k
0c	0m	0y	60k
0c	0m	0y	100k

234r	235g	134b
167r	169g	133b
128r	130g	133b
35r	31g	32b

circle circle circle

30c	20m	60y	40k
0c	0m	0y	40k
0c	0m	0y	60k
0c	0m	0y	100k

122r	123g	84b
167r	169g	133b
128r	130g	133b
35r	31g	32b

circle circle circle

0c	10m	50y	30k
0c	0m	0y	40k
0c	0m	0y	60k
0c	0m	0y	100k

190r	168g	110b
167r	169g	133b
128r	130g	133b
35r	31g	32b

circle circle circle

10c	20m	80y	30k
0c	0m	0y	40k
0c	0m	0y	60k
0c	0m	0y	100k

170r	147g	61b
167r	169g	133b
128r	130g	133b
35r	31g	32b

319

11: BROWSER SAFE

Browser safe colors are the 216 hues that can be shown on tradi-
tional 8-bit computer screens with reasonable consistency and with-
out dithering (see pages 340–341 for more on browser safe hues).

Although it's a less critical consideration than before (since the
latest generation of computer screens can handle color much more
effectively than earlier models), some businesses still choose to
select a palette of on-screen colors from the browser safe list to
ensure that their visuals will look good on both newer and older
electronic display devices.

Please note that since the samples here have been printed using
ink and paper, their on-screen appearance will be different. It is
also important to understand that the type of monitor used (as well
as the settings that have been applied to that monitor) will have an
effect on the hues' appearances.

**Brainstorming Browser
Safe Colors:**

*Does your client adhere to
an established set of colors?
Can a browser safe palette
be chosen that will closely
match these colors? Will
compromises have to be made
in order to come up with a
browser safe palette?*

*Investigate your choices
on a number of displays,
including laptop and flat-
screen monitors.*

*Keep in mind that the way
a certain color looks on your
monitor may not match its
appearance on other display
devices.*

*Keep an eye on the Web.
What are the trends?
What types of color
combinations feel fresh?
Which ones seem stale?*

*And what about a backdrop
for your browser safe palette?
Black? Gray? Colored? Multi-
colored? Busy? Plain?*

To access the downloadable
digital swatches for the palettes
in *Color Index, Revised Edition*, visit
www.mydesignshop.com/swatches.

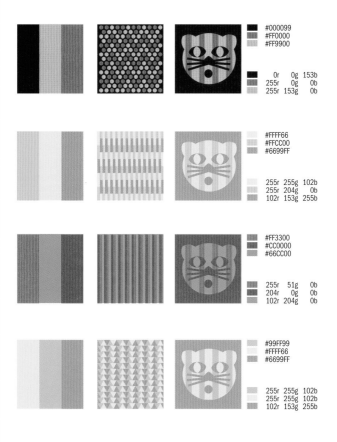

#000099
#FF0000
#FF9900

0r   0g   153b
255r   0g   0b
255r 153g   0b

#FFFF66
#FFCC00
#6699FF

255r 255g 102b
255r 204g   0b
102r 153g 255b

#FF3300
#CC0000
#66CC00

255r   51g   0b
204r   0g   0b
102r 204g   0b

#99FF99
#FFFF66
#6699FF

255r 255g 102b
255r 255g 102b
102r 153g 255b

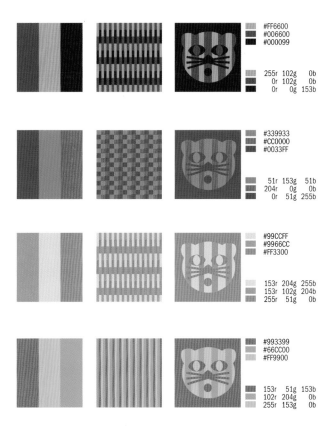

#FF6600
#006600
#000099

255r 102g   0b
  0r 102g   0b
  0r   0g 153b

#339933
#CC0000
#0033FF

 51r 153g   51b
204r   0g   0b
  0r   51g 255b

#99CCFF
#9966CC
#FF3300

153r 204g 255b
153r 102g 204b
255r   51g   0b

#993399
#66CC00
#FF9900

153r   51g 153b
102r 204g   0b
255r 153g   0b

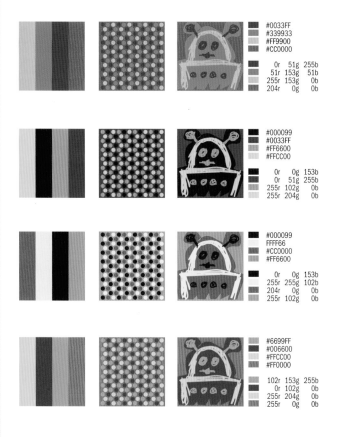

#0033FF
#339933
#FF9900
#CC0000

0r	51g	255b
51r	153g	51b
255r	153g	0b
204r	0g	0b

#000099
#0033FF
#FF6600
#FFCC00

0r	0g	153b
0r	51g	255b
255r	102g	0b
255r	204g	0b

#000099
FFFF66
#CC0000
#FF6600

0r	0g	153b
255r	255g	102b
204r	0g	0b
255r	102g	0b

#6699FF
#006600
#FFCC00
#FF0000

102r	153g	255b
0r	102g	0b
255r	204g	0b
255r	0g	0b

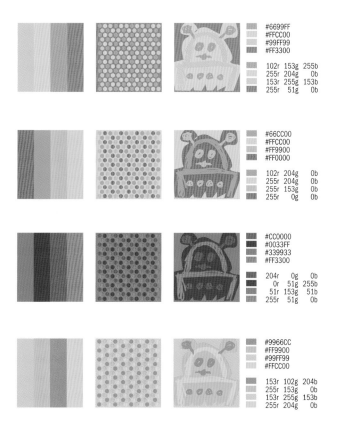

#6699FF
#FFCC00
#99FF99
#FF3300

102r 153g 255b
255r 204g   0b
153r 255g 153b
255r 51g   0b

#66CC00
#FFCC00
#FF9900
#FF0000

102r 204g   0b
255r 204g   0b
255r 153g   0b
255r   0g   0b

#CC0000
#0033FF
#339933
#FF3300

204r   0g   0b
  0r 51g 255b
 51r 153g 51b
255r 51g   0b

#9966CC
#FF9900
#99FF99
#FFCC00

153r 102g 204b
255r 153g   0b
153r 255g 153b
255r 204g   0b

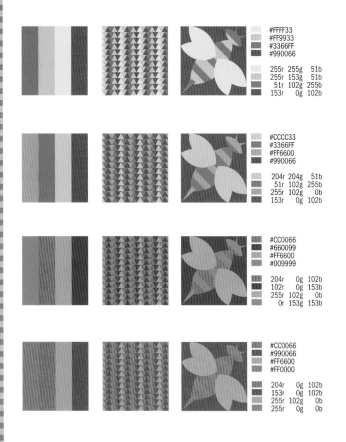

#FFFF33
#FF9933
#3366FF
#990066

255r 255g 51b
255r 153g 51b
51r 102g 255b
153r 0g 102b

#CCCC33
#3366FF
#FF6600
#990066

204r 204g 51b
51r 102g 255b
255r 102g 0b
153r 0g 102b

#CC0066
#660099
#FF6600
#009999

204r 0g 102b
102r 0g 153b
255r 102g 0b
0r 153g 153b

#CC0066
#990066
#FF6600
#FF0000

204r 0g 102b
153r 0g 102b
255r 102g 0b
255r 0g 0b

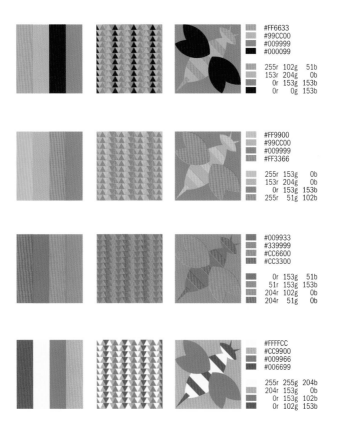

#FF6633
#99CC00
#009999
#000099

255r 102g 51b
153r 204g 0b
0r 153g 153b
0r 0g 153b

#FF9900
#99CC00
#009999
#FF3366

255r 153g 0b
153r 204g 0b
0r 153g 153b
255r 51g 102b

#009933
#339999
#CC6600
#CC3300

0r 153g 51b
51r 153g 153b
204r 102g 0b
204r 51g 0b

#FFFFCC
#CC9900
#009966
#006699

255r 255g 204b
204r 153g 0b
0r 153g 102b
0r 102g 153b

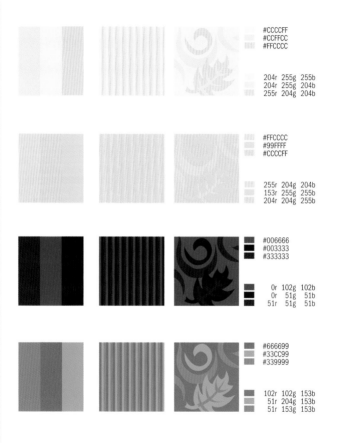

#CCCCFF
#CCFFCC
#FFCCCC

204r 255g 255b
204r 255g 204b
255r 204g 204b

#FFCCCC
#99FFFF
#CCCCFF

255r 204g 204b
153r 255g 255b
204r 204g 255b

#006666
#003333
#333333

0r 102g 102b
0r 51g 51b
51r 51g 51b

#666699
#33CC99
#339999

102r 102g 153b
51r 204g 153b
51r 153g 153b

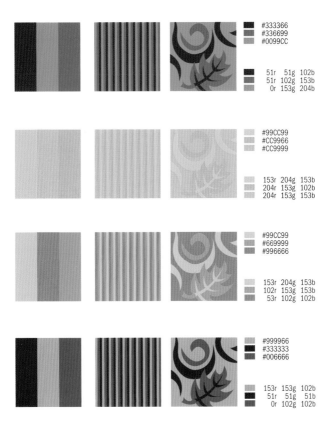

#333366
#336699
#0099CC

51r   51g 102b
51r 102g 153b
 0r 153g 204b

#99CC99
#CC9966
#CC9999

153r 204g 153b
204r 153g 102b
204r 153g 153b

#99CC99
#669999
#996666

153r 204g 153b
102r 153g 153b
 53r 102g 102b

#999966
#333333
#006666

153r 153g 102b
 51r   51g   51b
  0r 102g 102b

#CCCCFF
#FFCCCC
#FFCCFF
#CCFFCC

204r 255g 255b
255r 204g 204b
255r 204g 255b
204r 255g 204b

#FFFFCC
#99FFFF
#CCCCFF
#CCFFCC

255r 255g 204b
153r 255g 255b
204r 204g 255b
204r 255g 204b

#0099CC
#336699
#333366
#330066

0r 153g 204b
51r 102g 153b
51r 51g 102b
51r 0g 102b

#66CC66
#009966
#006666
#003333

102r 204g 102b
0r 153g 102b
0r 102g 102b
0r 51g 51b

#0099CC
#666699
#33CC99
#339999

  0r 153g 204b
102r 102g 153b
 51r 204g 153b
 51r 153g 153b

#99CC99
#999966
#CC9999
#FFFFFF

153r 204g 153b
153r 153g 102b
204r 153g 153b
153r 153g 153b

#996666
#006699
#006666
#003333

153r 102g 102b
  0r 102g 153b
  0r 102g 102b
  0r 51g 51b

#999966
#333300
#333366
#666699

153r 153g 102b
 51r 51g   0b
 51r 51g 102b
102r 102g 153b

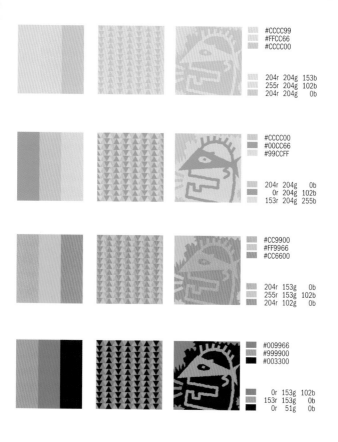

#CCCC99
#FFCC66
#CCCC00

204r 204g 153b
255r 204g 102b
204r 204g 0b

#CCCC00
#00CC66
#99CCFF

204r 204g 0b
0r 204g 102b
153r 204g 255b

#CC9900
#FF9966
#CC6600

204r 153g 0b
255r 153g 102b
204r 102g 0b

#009966
#999900
#003300

0r 153g 102b
153r 153g 0b
0r 51g 0b

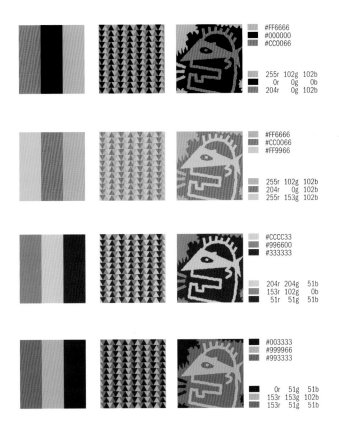

#FF6666
#000000
#CC0066

255r 102g 102b
0r 0g 0b
204r 0g 102b

#FF6666
#CC0066
#FF9966

255r 102g 102b
204r 0g 102b
255r 153g 102b

#CCCC33
#996600
#333333

204r 204g 51b
153r 102g 0b
51r 51g 51b

#003333
#999966
#993333

0r 51g 51b
153r 153g 102b
153r 51g 51b

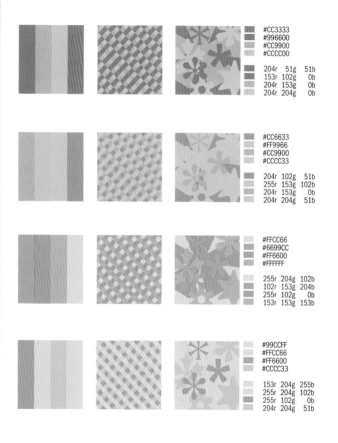

#CC3333
#996600
#CC9900
#CCCC00

204r 51g 51b
153r 102g 0b
204r 153g 0b
204r 204g 0b

#CC6633
#FF9966
#CC9900
#CCCC33

204r 102g 51b
255r 153g 102b
204r 153g 0b
204r 204g 51b

#FFCC66
#6699CC
#FF6600
#FFFFFF

255r 204g 102b
102r 153g 204b
255r 102g 0b
153r 153g 153b

#99CCFF
#FFCC66
#FF6600
#CCCC33

153r 204g 255b
255r 204g 102b
255r 102g 0b
204r 204g 51b

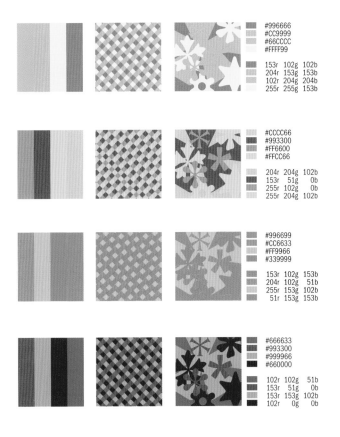

#996666
#CC9999
#66CCCC
#FFFF99

153r 102g 102b
204r 153g 153b
102r 204g 204b
255r 255g 153b

#CCCC66
#993300
#FF6600
#FFCC66

204r 204g 102b
153r 51g 0b
255r 102g 0b
255r 204g 102b

#996699
#CC6633
#FF9966
#339999

153r 102g 153b
204r 102g 51b
255r 153g 102b
51r 153g 153b

#666633
#993300
#999966
#660000

102r 102g 51b
153r 51g 0b
153r 153g 102b
102r 0g 0b

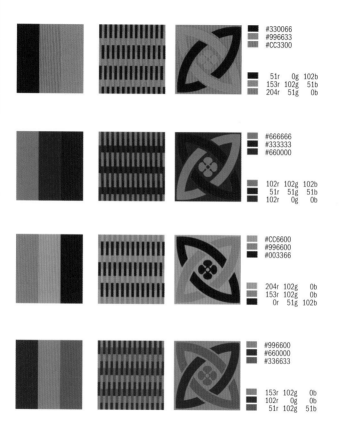

#330066
#996633
#CC3300

51r   0g   102b
153r 102g   51b
204r   51g   0b

#666666
#333333
#660000

102r 102g 102b
51r   51g   51b
102r   0g   0b

#CC6600
#996600
#003366

204r 102g   0b
153r 102g   0b
0r   51g 102b

#996600
#660000
#336633

153r 102g   0b
102r   0g   0b
51r 102g   51b

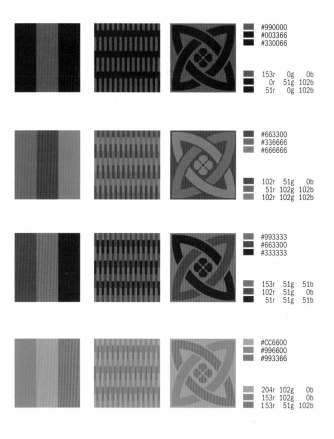

#990000
#003366
#330066

153r   0g   0b
  0r   51g 102b
 51r   0g 102b

#663300
#336666
#666666

102r   51g   0b
 51r 102g 102b
102r 102g 102b

#993333
#663300
#333333

153r   51g   51b
102r   51g   0b
 51r   51g   51b

#CC6600
#996600
#993366

204r 102g   0b
153r 102g   0b
153r   51g 102b

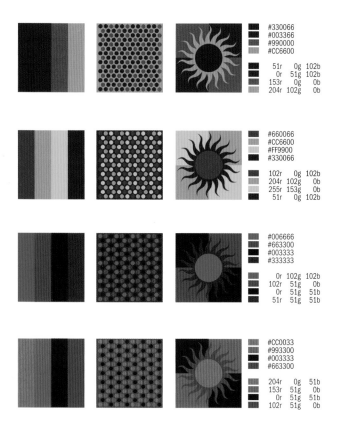

#330066
#003366
#990000
#CC6600

 51r   0g 102b
  0r 51g 102b
153r   0g   0b
204r 102g   0b

#660066
#CC6600
#FF9900
#330066

102r   0g 102b
204r 102g   0b
255r 153g   0b
 51r   0g 102b

#006666
#663300
#003333
#333333

  0r 102g 102b
102r 51g   0b
  0r 51g 51b
 51r 51g 51b

#CC0033
#993300
#003333
#663300

204r   0g 51b
153r 51g   0b
  0r 51g 51b
102r 51g   0b

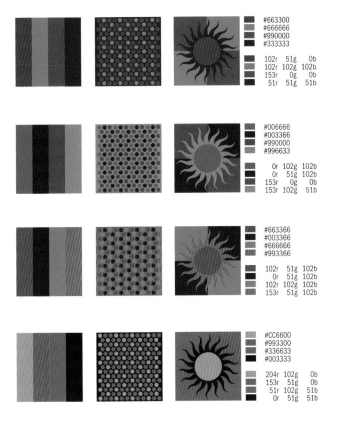

#663300
#666666
#990000
#333333

102r 51g 0b
102r 102g 102b
153r 0g 0b
51r 51g 51b

#006666
#003366
#990000
#996633

0r 102g 102b
0r 51g 102b
153r 0g 0b
153r 102g 51b

#663366
#003366
#666666
#993366

102r 51g 102b
0r 51g 102b
102r 102g 102b
153r 51g 102b

#CC6600
#993300
#336633
#003333

204r 102g 0b
153r 51g 0b
51r 102g 51b
0r 51g 51b

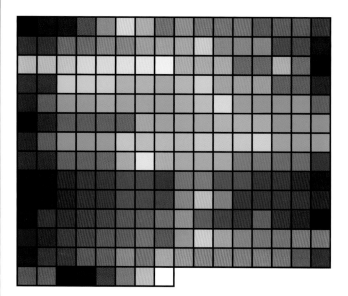

A nice thing about designing for the Web is that you don't have to pay extra for extra colors (as you usually do with print media).

The table above shows the 216 colors of the browser safe palette. (Keep in mind that the on-screen appearance of these colors will differ from their ink-on-paper appearance.)

These browser safe colors are the 216 hues that display most consistently, and without dithering (the inclusion of unsightly dots within a plane of color) on traditional 8-bit monitors.

Images and graphics that feature only flat areas of color might be good candidates for a browser safe approach. A designer may choose to use colors from the browser safe palette to ensure that all of the hues will display without dithering on older monitors.

A continuous-tone illustration or photograph does not need to be limited to the browser safe palette. This is because the dithering that occurs is largely unnoticeable to the eye since it is masked by the many changes in hue that occur throughout the image.

Remember: color images designed for on-screen presentation are always at the mercy of the viewer's platform, monitor, and the respective settings of each. Some systems, for instance, tend to darken colors significantly and might even display some of the darker on-screen hues as black. Other systems tend to be overly light, and have a hard time displaying lighter hues without converting them to white or very light pastels It is a good idea to view your artwork on a number of display devices (including laptop and flat-screen monitors) to make sure the colors you've chosen look good on a variety of systems.

#993333
#003366
#999966

153r 51g 51b
0r 51g 102b
153r 153g 102b

#CCCC99
#996633
#996666

204r 204g 153b
153r 102g 51b
153r 102g 102b

#663333
#666633
#993333

102r 51g 51b
102r 102g 51b
153r 51g 51b

#CC6666
#666666
#996666

204r 102g 102b
102r 102g 102b
153r 102g 102b

#CC6633
#996633
#999966

204r 102g 51b
153r 102g 51b
153r 153g 102b

#993333
#666666
#996633

153r 51g 51b
102r 102g 102b
153r 102g 51b

#CC9966
#666633
#663333

204r 153g 102b
102r 102g 51b
102r 51g 51b

#996633
#669999
#666633

153r 102g 51b
102r 153g 153b
102r 102g 51b

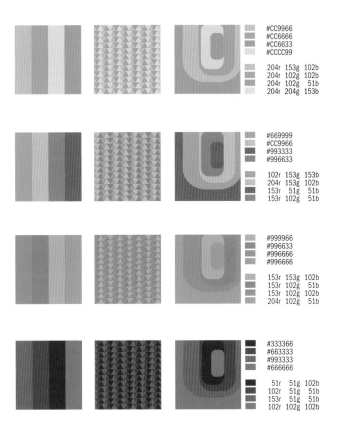

#CC9966
#CC6666
#CC6633
#CCCC99

204r 153g 102b
204r 102g 102b
204r 102g 51b
204r 204g 153b

#669999
#CC9966
#993333
#996633

102r 153g 153b
204r 153g 102b
153r 51g 51b
153r 102g 51b

#999966
#996633
#996666
#996666

153r 153g 102b
153r 102g 51b
153r 102g 102b
204r 102g 51b

#333366
#663333
#993333
#666666

51r 51g 102b
102r 51g 51b
153r 51g 51b
102r 102g 102b

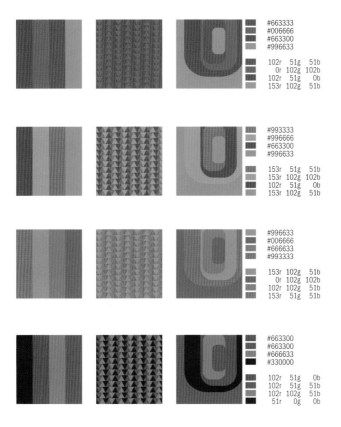

#663333
#006666
#663300
#996633

102r 51g 51b
0r 102g 102b
102r 51g 0b
153r 102g 51b

#993333
#996666
#663300
#996633

153r 51g 51b
153r 102g 102b
102r 51g 0b
153r 102g 51b

#996633
#006666
#666633
#993333

153r 102g 51b
0r 102g 102b
102r 102g 51b
153r 51g 51b

#663300
#663300
#666633
#330000

102r 51g 0b
102r 51g 51b
102r 102g 51b
51r 0g 0b

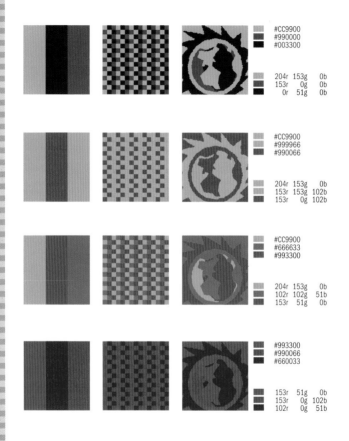

#CC9900
#990000
#003300

204r 153g 0b
153r 0g 0b
0r 51g 0b

#CC9900
#999966
#990066

204r 153g 0b
153r 153g 102b
153r 0g 102b

#CC9900
#666633
#993300

204r 153g 0b
102r 102g 51b
153r 51g 0b

#993300
#990066
#660033

153r 51g 0b
153r 0g 102b
102r 0g 51b

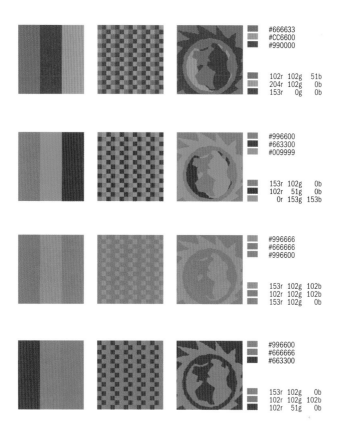

#666633
#CC6600
#990000

102r 102g 51b
204r 102g 0b
153r 0g 0b

#996600
#663300
#009999

153r 102g 0b
102r 51g 0b
0r 153g 153b

#996666
#666666
#996600

153r 102g 102b
102r 102g 102b
153r 102g 0b

#996600
#666666
#663300

153r 102g 0b
102r 102g 102b
102r 51g 0b

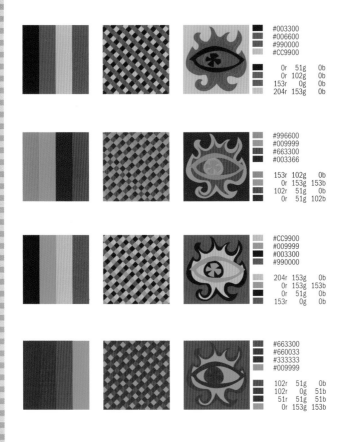

#003300
#006600
#990000
#CC9900

0r 51g 0b
0r 102g 0b
153r 0g 0b
204r 153g 0b

#996600
#009999
#663300
#003366

153r 102g 0b
0r 153g 153b
102r 51g 0b
0r 51g 102b

#CC9900
#009999
#003300
#990000

204r 153g 0b
0r 153g 153b
0r 51g 0b
153r 0g 0b

#663300
#660033
#333333
#009999

102r 51g 0b
102r 0g 51b
51r 51g 51b
0r 153g 153b

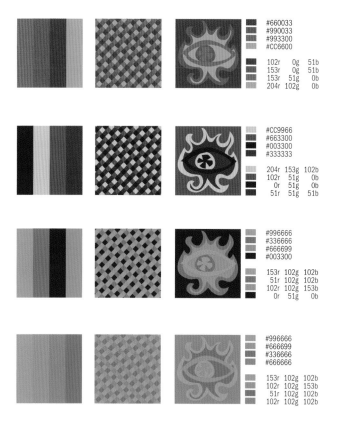

#660033
#990033
#993300
#CC6600

102r   0g 51b
153r   0g 51b
153r 51g   0b
204r 102g   0b

#CC9966
#663300
#003300
#333333

204r 153g 102b
102r 51g   0b
  0r 51g   0b
 51r 51g 51b

#996666
#336666
#666699
#003300

153r 102g 102b
 51r 102g 102b
102r 102g 153b
  0r 51g   0b

#996666
#666699
#336666
#666666

153r 102g 102b
102r 102g 153b
 51r 102g 102b
102r 102g 102b

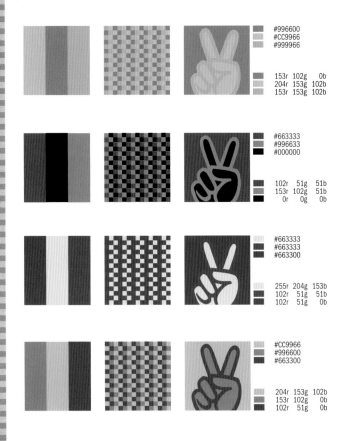

#996600
#CC9966
#999966

153r 102g 0b
204r 153g 102b
153r 153g 102b

#663333
#996633
#000000

102r 51g 51b
153r 102g 51b
0r 0g 0b

#663333
#663333
#663300

255r 204g 153b
102r 51g 51b
102r 51g 0b

#CC9966
#996600
#663300

204r 153g 102b
153r 102g 0b
102r 51g 0b

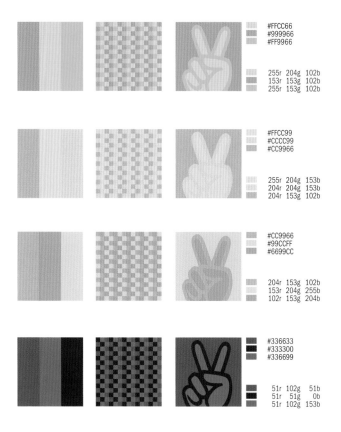

#FFCC66
#999966
#FF9966

255r 204g 102b
153r 153g 102b
255r 153g 102b

#FFCC99
#CCCC99
#CC9966

255r 204g 153b
204r 204g 153b
204r 153g 102b

#CC9966
#99CCFF
#6699CC

204r 153g 102b
153r 204g 255b
102r 153g 204b

#336633
#333300
#336699

51r 102g 51b
51r 51g 0b
51r 102g 153b

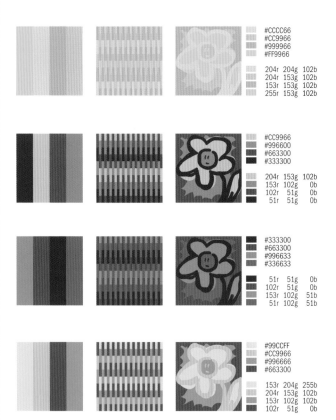

#CCCC66
#CC9966
#999966
#FF9966

204r 204g 102b
204r 153g 102b
153r 153g 102b
255r 153g 102b

#CC9966
#996600
#663300
#333300

204r 153g 102b
153r 102g 0b
102r 51g 0b
51r 51g 0b

#333300
#663300
#996633
#336633

51r 51g 0b
102r 51g 0b
153r 102g 51b
51r 102g 51b

#99CCFF
#CC9966
#996666
#663300

153r 204g 255b
204r 153g 102b
153r 102g 102b
102r 51g 0b

#CCCC99
#999966
#CC9966
#996633

204r 204g 153b
153r 153g 102b
204r 153g 102b
153r 102g 51b

#CC9966
#CCCC99
#FF9966
#000000

204r 153g 102b
204r 204g 153b
255r 153g 102b
0r 0g 0b

#FF9966
#CC9966
#663300
#330000

255r 153g 102b
204r 153g 102b
102r 51g 0b
51r 0g 0b

#336633
#003366
#006666
#333300

51r 102g 51b
0r 51g 102b
0r 102g 102b
51r 51g 0b

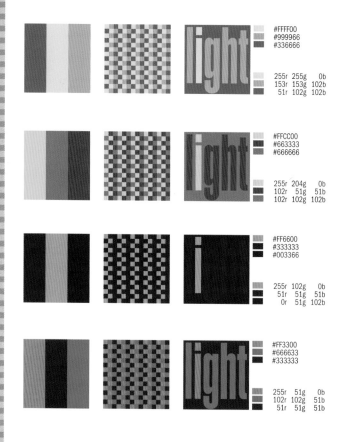

#FFFF00
#999966
#336666

255r 255g 0b
153r 153g 102b
51r 102g 102b

#FFCC00
#663333
#666666

255r 204g 0b
102r 51g 51b
102r 102g 102b

#FF6600
#333333
#003366

255r 102g 0b
51r 51g 51b
0r 51g 102b

#FF3300
#666633
#333333

255r 51g 0b
102r 102g 51b
51r 51g 51b

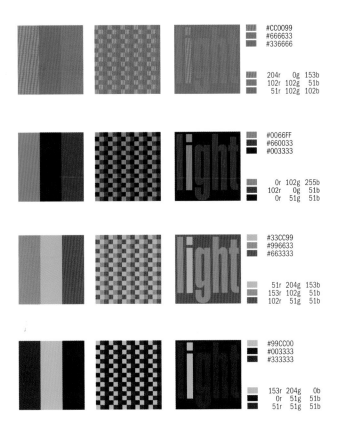

#CC0099
#666633
#336666

204r 0g 153b
102r 102g 51b
51r 102g 102b

#0066FF
#660033
#003333

0r 102g 255b
102r 0g 51b
0r 51g 51b

#33CC99
#996633
#663333

51r 204g 153b
153r 102g 51b
102r 51g 51b

#99CC00
#003333
#333333

153r 204g 0b
0r 51g 51b
51r 51g 51b

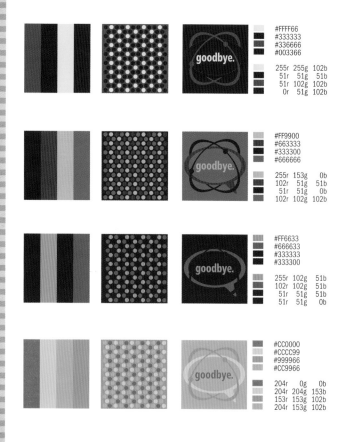

#FFFF66
#333333
#336666
#003366

255r 255g 102b
51r 51g 51b
51r 102g 102b
0r 51g 102b

#FF9900
#663333
#333300
#666666

255r 153g 0b
102r 51g 51b
51r 51g 0b
102r 102g 102b

#FF6633
#666633
#333333
#333300

255r 102g 51b
102r 102g 51b
51r 51g 51b
51r 51g 0b

#CC0000
#CCCC99
#999966
#CC9966

204r 0g 0b
204r 204g 153b
153r 153g 102b
204r 153g 102b

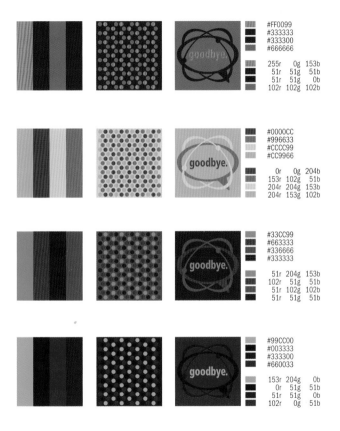

#FF0099
#333333
#333300
#666666

255r 0g 153b
51r 51g 51b
51r 51g 0b
102r 102g 102b

#0000CC
#996633
#CCCC99
#CC9966

0r 0g 204b
153r 102g 51b
204r 204g 153b
204r 153g 102b

#33CC99
#663333
#336666
#333333

51r 204g 153b
102r 51g 51b
51r 102g 102b
51r 51g 51b

#99CC00
#003333
#333300
#660033

153r 204g 0b
0r 51g 51b
51r 51g 0b
102r 0g 51b

Cut out
this
square

The color samples in this book can be isolated and viewed against a white or black background by removing this page and viewing the color samples through the square cut-outs.